CUCINA SANA PER PIGRI

10 Minuti per il tuo Benessere | Ricette semplici e salutari per chi non ha tempo da perder. Incluso un piano alimentare di 60 giorni.

Alessia Romani

Nota Legale
Le informazioni contenute in questo libro e i suoi contenuti non sono pensati per sostituire qualsiasi forma di parere medico o professionale; e non ha lo scopo di sostituire il bisogno di pareri o servizi medici, finanziari, legali o altri che potrebbero essere necessari. Il contenuto e le informazioni di questo libro sono stati forniti solo a scopo educativo e ricreativo.

Il contenuto e le informazioni contenuti in questo libro sono stati raccolti a partire da fonti ritenute affidabile, e sono accurate secondo la conoscenza, le informazioni e le credenze dell'Autore. Tuttavia, l'Autore non può garantirne l'accuratezza e validità e perciò non può essere ritenuto responsabile per qualsiasi errore e/o omissione. Inoltre, a questo libro vengono apportate modifiche periodiche secondo necessità. Quando appropriato e/o necessario, devi consultare un professionista (inclusi, ma non limitato a, il tuo dottore, avvocato, consulente finanziario o altri professionisti del genere) prima di usare qualsiasi rimedio, tecnica e/o informazione suggerita in questo libro.

Usando i contenuti e le informazioni in questo libro, accetti di ritenere l'Autore libero da qualsiasi danno, costo e spesa, incluse le spese legali che potrebbero risultare dall'applicazione di una qualsiasi delle informazioni contenute in questo libro. Questa avvertenza si applica a qualsiasi perdita, danno o lesione causata dall'applicazione dei contenuti di questo libro, direttamente o indirettamente, in violazione di un contratto, per torto, negligenza, lesioni personali, intenti criminali o sotto qualsiasi altra circostanza.

Concordi di accettare tutti i rischi derivati dall'uso delle informazioni presentate in questo libro. Accetti che, continuando a leggere questo libro, quando appropriato e/o necessario, consulterai un professionista (inclusi, ma non limitati a, il tuo dottore, avvocato, consulente finanziario o altri professionisti del genere) prima di usare i rimedi, le tecniche o le informazioni suggeriti in questo libro.

Sommario

Capitolo 1: Introduzione alla Cucina Sana per Pigri

Benvenuti in un mondo dove la pigrizia e la mancanza di tempo diventano i compagni ideali nella realizzazione di una cucina sana e soddisfacente. In questo viaggio, scopriamo come la semplicità e la rapidità possano fondersi armoniosamente con nutrizione e gusto. Sfidiamo l'idea che mangiare bene richieda sacrifici di tempo e sforzo, proponendo un'alternativa salutare e praticabile. Qui, il cibo si trasforma da semplice necessità a piacere quotidiano, da peso a gioia. È un percorso che valorizza la facilità e la felicità di nutrirsi in modo consapevole, trasformando ogni momento in cucina in un'opportunità per arricchire la vita.

La Filosofia della Cucina Semplice e Salutare

Nell'odierna società, dove il tempo è un lusso e la rapidità una necessità, l'idea di una cucina che sia semplice e salutare si presenta come una soluzione ideale. Questa nuova corrente culinaria non solo risponde all'esigenza di velocità, ma ribalta l'equazione "veloce uguale malsano", proponendo un approccio olistico al cibo.

Accostarsi alla cucina sana per pigri significa riconsiderare la relazione con il cibo e il tempo speso per prepararlo. Non si tratta di trascorrere ore dietro ai fornelli, ma di ottimizzare ogni momento, sfruttando la semplicità degli ingredienti e la loro innata bontà. Al centro di questa filosofia troviamo l'uso di prodotti freschi, tecniche di cottura che mantengono intatte le proprietà nutritive e una pianificazione intelligente che trasforma anche la più rapida delle preparazioni in un gesto di cura per sé e per i propri cari.

Perché scegliere una cucina sana, soprattutto quando si è pigri o si dispone di poco tempo? La risposta è nella vitalità che deriva da un'alimentazione equilibrata: un corpo nutrito correttamente è fonte di energia, benessere e serenità. Una dieta sana influisce positivamente sull'umore, sulla concentrazione e sulla salute generale, elementi fondamentali in un contesto quotidiano spesso stressante.

Affrontare le sfide della cucina salutare implica un cambiamento di prospettiva. Cucinare non deve essere percepito come un peso, ma come un'opportunità per sperimentare e godere di momenti di creatività. La chiave è la varietà: l'esplorazione di spezie nuove, l'accostamento di sapori diversi e l'introduzione di piatti da altre culture sono essenziali per mantenere viva la passione per una cucina sana e rapida.

Una buona organizzazione è cruciale: pianificare i pasti, fare acquisti mirati e tenere in dispensa ingredienti versatili facilitano la realizzazione di piatti salutari in poco tempo. Avere a portata di mano una serie di ricette semplici, gustose e veloci è il miglior antidoto contro la tentazione di soluzioni alimentari meno sane.

La cucina sana per pigri, quindi, non è un paradosso, ma una realtà a portata di mano. Richiede un minimo di organizzazione e creatività, ma offre in cambio benefici tangibili in termini di salute e benessere. Imparare a cucinare in questo modo rappresenta un investimento sul proprio benessere, un gesto di cura verso se stessi e verso chi ci sta vicino.

Attraverso questo libro, il lettore sarà guidato in un viaggio alla scoperta di come è possibile nutrirsi bene e vivere bene, sfruttando al meglio i piaceri della tavola senza sacrificare il tempo prezioso. Si tratta di un percorso che mostra come l'alimentazione sana e la vita quotidiana possano coesistere armoniosamente, offrendo soluzioni concrete per chiunque desideri migliorare il proprio stile di vita senza rinunciare al gusto e alla varietà.

Perché la Cucina Sana è Importante Anche Quando Sei Pigro

Viviamo in un'epoca in cui la velocità e la convenienza sono spesso privilegiate a discapito della qualità, specialmente quando si tratta di cibo e alimentazione. Tuttavia, è proprio in questo scenario frenetico che emerge l'importanza vitale di una cucina sana, un principio che vale doppio per chi si autodefinisce pigro o ha poco tempo a disposizione.

Cucinare sano, anche nella pigrizia, è un atto di ribellione contro il ritmo sfrenato imposto dalla società moderna, una scelta consapevole che pone il benessere personale al centro dell'esistenza quotidiana. Scegliere di nutrirsi in modo equilibrato non è solo una questione di salute fisica, ma un pilastro fondamentale per il benessere mentale e emotivo. Un'alimentazione curata, infatti, alimenta non solo il corpo, ma anche la mente, fornendo l'energia necessaria per affrontare le sfide quotidiane con vigore e lucidità.

Nella nostra cultura, spesso si associa la cucina sana a un impegno gravoso, a lunghe sessioni di preparazione e a ricette complesse. Questo libro, tuttavia, vuole sfatare tale mito, dimostrando come anche chi si considera pigro possa facilmente adottare uno stile di vita sano senza rinunciare al piacere del cibo. In realtà, cucinare sano può diventare un'attività semplice, veloce e gratificante, un'occasione per sperimentare con nuovi sapori e ingredienti, scoprendo un mondo di possibilità culinarie che vanno ben oltre i confini del cibo preconfezionato o dei pasti rapidi e poco nutrienti.

La cucina sana, inoltre, gioca un ruolo fondamentale nella prevenzione di molte malattie croniche. Una dieta ricca di frutta, verdura, cereali integrali e proteine magre, ad esempio, contribuisce a ridurre il rischio di sviluppare patologie cardiache, diabete e obesità. In questo senso, anche il più pigro degli chef può diventare un eroe della propria salute, scegliendo ingredienti che non solo deliziano il palato, ma proteggono il corpo.

Un altro aspetto cruciale è l'impatto della cucina sana sulla salute mentale. In un mondo dove lo stress e l'ansia sono all'ordine del giorno, un'alimentazione equilibrata può essere un valido alleato per mantenere l'equilibrio psicologico. Alimenti ricchi di nutrienti essenziali, come gli omega-3, le vitamine e i minerali, sono noti per il loro effetto benefico sul cervello, migliorando l'umore e la capacità di concentrazione.

Per chi si ritiene pigro o è costantemente sotto pressione dal poco tempo a disposizione, la cucina sana rappresenta una soluzione pratica e realizzabile. Sfruttando la creatività e la semplicità, è possibile trasformare ingredienti semplici e accessibili in piatti sorprendentemente deliziosi e salutari. Questo approccio alla cucina, lungi dall'essere un compito arduo, si rivela un'avventura gratificante, una scoperta di nuovi sapori e abbinamenti che arricchiscono il quotidiano.

In questo contesto, il ruolo dei cibi lavorati e dei pasti veloci, spesso carichi di grassi, zuccheri e sale, viene messo in discussione. Pur essendo comodi e apparentemente risparmiatori di tempo, a lungo termine, questi alimenti possono avere un impatto negativo sulla salute. La cucina sana per pigri, al contrario, propone una visione alternativa, dove la rapidità non compromette la qualità, e dove il cibo diventa una fonte di nutrimento reale per il corpo e l'anima.

Oltre agli evidenti benefici per la salute, adottare uno stile di vita che include la cucina sana migliora anche la qualità delle relazioni interpersonali. Condividere un pasto fatto in casa con amici e familiari è un atto di intimità e cura, un modo per nutrire non solo il corpo, ma anche il cuore e lo spirito. In un'epoca in cui il cibo è spesso consumato in fretta e senza attenzione, ritagliare uno spazio per godere della cucina e della compagnia è un gesto rivoluzionario, un ritorno a un modo di vivere più autentico e connesso.

Alla fine, la cucina sana per pigri è molto più di una serie di ricette o di suggerimenti per risparmiare tempo; è un invito a riscoprire il piacere di nutrirsi in modo consapevole, a prendersi cura di sé e dei propri cari attraverso scelte alimentari sagge e gustose. È un modo per riaffermare il proprio controllo sulla salute e sul benessere in un mondo in cui sembra che tutto debba essere fatto in fretta.

Superare le Sfide Comuni della Cucina Salutare

Il percorso verso una cucina salutare può sembrare costellato di sfide, soprattutto quando si è pigri o si dispone di poco tempo. Tuttavia, superare queste difficoltà non è solo possibile, ma può trasformarsi in un viaggio ricco di scoperte e soddisfazioni. In questo contesto, il primo passo è riconoscere e affrontare gli ostacoli più comuni, per poi trasformarli in opportunità di crescita e di esplorazione culinaria.

Uno dei maggiori ostacoli è la percezione che cucinare sano richieda competenze culinarie avanzate o ingredienti esotici e costosi. Molte persone si sentono intimorite all'idea di dover preparare piatti complessi o di dover dedicare molto tempo alla ricerca di prodotti speciali. In realtà, la cucina sana si basa su principi di semplicità e accessibilità. Gli ingredienti fondamentali sono spesso quelli più comuni e facili da trovare: verdure fresche, frutta, cereali integrali, legumi e proteine magre. Imparare a utilizzare questi ingredienti in modo creativo e gustoso è una delle chiavi per superare la barriera dell'intimidazione in cucina.

Un altro ostacolo comune è la convinzione che cucinare sano significhi automaticamente spendere più tempo in cucina. Questo mito può essere sfatato attraverso l'organizzazione e la pianificazione. Ad esempio, dedicare un momento della settimana per preparare in anticipo alcuni ingredienti di base, come cuocere cereali integrali o preparare porzioni di verdure, può ridurre notevolmente il tempo necessario per assemblare un pasto sano durante la settimana. Anche la scelta di ricette semplici, che richiedono pochi passaggi e ingredienti, può aiutare a mantenere il tempo in cucina piacevolmente breve.

La mancanza di varietà nei piatti è un'altra sfida comune. Spesso, ci si ritrova a preparare sempre gli stessi piatti, finendo per associare la cucina sana a una routine monotona e poco stimolante. Questa sfida può essere trasformata in un'opportunità per esplorare nuove ricette e sapori. La cucina sana offre infinite possibilità di sperimentazione: dall'introduzione di spezie e erbe aromatiche per arricchire i piatti, all'esplorazione di ricette da culture diverse per vivacizzare il menu settimanale.

Inoltre, la difficoltà di mantenere una dieta sana può essere accentuata dalla presenza di tentazioni e cattive abitudini alimentari. Per superare questo ostacolo, è utile creare un ambiente che favorisca scelte salutari. Ciò può includere, ad esempio, tenere a portata di mano snack salutari, evitare di acquistare cibi poco salutari durante la spesa e cercare di coinvolgere tutta la famiglia o i coinquilini nel processo di alimentazione sana, creando un sostegno reciproco e un ambiente motivante.

Un altro aspetto importante è la gestione delle aspettative. Accettare che ci possano essere giorni in cui si opta per soluzioni più rapide o meno salutari è fondamentale per mantenere un rapporto sano con il cibo. La cucina sana non deve essere vista come un regime rigido, ma come un percorso flessibile e adattabile alle esigenze e alle circostanze di ciascuno.

Infine, è importante riconoscere e celebrare i piccoli successi lungo il percorso. Ogni volta che si prepara un pasto sano, si sperimenta con un nuovo ingrediente o si trova un modo per ridurre il tempo trascorso in cucina senza sacrificare la qualità, si compie un passo avanti verso l'obiettivo di una vita più sana e soddisfacente. Celebrare questi successi, anche i più piccoli, può fornire la motivazione necessaria per continuare a esplorare e godere dei benefici di una cucina sana.

Superare le sfide comuni della cucina salutare richiede quindi un mix di pianificazione, creatività, flessibilità e un approccio positivo. Accettare che ogni giorno può portare le sue sfide e imparare a navigarle con grazia e inventiva è la chiave per trasformare la cucina sana da un obiettivo intimidatorio a una fonte di gioia e benessere quotidiano.

In questo viaggio, scopriamo come la semplicità e la rapidità possano fondersi armoniosamente con nutrizione e gusto. Sfidiamo l'idea che mangiare bene richieda sacrifici di tempo e sforzo, proponendo un'alternativa salutare e praticabile. Qui, il cibo si trasforma da semplice necessità a piacere quotidiano, da peso a gioia. È un percorso che valorizza la facilità e la felicità di nutrirsi in modo consapevole, trasformando ogni momento in cucina in un'opportunità per arricchire la vita.

Capitolo 2: I Principi della Cucina Veloce e Nutriente

Accostarsi ai principi di una cucina veloce e nutriente significa intraprendere un viaggio dove tempo e salute si incontrano in un equilibrio perfetto. La magia di trasformare ingredienti semplici in pasti straordinari, con un occhio sempre attento al cronometro, è un'arte che richiede conoscenza, organizzazione e passione. In questa esplorazione, la chiave è saper scegliere gli ingredienti giusti, creare uno spazio che ispira e navigare la spesa con saggezza. È un percorso che va oltre la pura necessità di nutrirsi, diventando un'avventura nella quale ogni scelta, da quella dei prodotti alla disposizione della propria cucina, contribuisce a un'esperienza culinaria arricchente e soddisfacente.

Ingredienti Chiave per una Cucina Rapida e Salutare

Immaginate di entrare in una cucina dove ogni elemento è in perfetta armonia, uno spazio che invita alla creazione di piatti sani e gustosi in pochissimo tempo. Questo è il cuore pulsante di una cucina veloce e nutriente: la scelta e l'utilizzo degli ingredienti giusti. Gli ingredienti sono i veri protagonisti, gli eroi silenziosi di ogni piatto che, con la loro semplicità e bontà intrinseca, trasformano un pasto ordinario in un'esperienza straordinaria.

La base di questa filosofia culinaria si radica nella selezione di ingredienti che combinano valore nutrizionale elevato e facilità di preparazione. Alimenti come legumi, cereali integrali, verdure fresche, frutta, semi e noci sono i pilastri su cui si costruisce una cucina veloce e al contempo ricca di benefici per la salute. Questi ingredienti, versatili e ricchi di sapori, offrono infinite possibilità di abbinamenti e preparazioni, permettendo di creare piatti diversificati e soddisfacenti senza spendere ore in cucina.

I legumi, ad esempio, sono una fonte eccellente di proteine vegetali, fibre e micronutrienti essenziali. Lenticchie, ceci, fagioli e piselli possono essere utilizzati in una miriade di modi: zuppe, insalate, burger vegetali o come base per piatti più elaborati. La loro versatilità li rende perfetti per chi cerca opzioni salutari e veloci.

I cereali integrali, come quinoa, farro, orzo e riso integrale, sono un altro ingrediente fondamentale. Ricchi di fibre, aiutano a mantenere stabili i livelli di energia e sazietà per lunghe ore. La loro natura accomodante li rende ideali sia per piatti caldi sia per insalate fresche e nutrienti.

Le verdure fresche, poi, sono l'emblema della cucina sana. Ricche di vitamine, minerali e antiossidanti, apportano colore, gusto e vitalità a ogni piatto. La loro preparazione può essere semplice e veloce: una breve cottura al vapore, un salto in padella o un uso crudo in insalate. La chiave è saperle scegliere di stagione, per garantire il massimo del gusto e del valore nutritivo.

La frutta, dolce per natura, offre un ventaglio di possibilità sia nei piatti dolci sia in quelli salati. La frutta può diventare un ingrediente sorprendente in insalate, piatti a base di cereali o come tocco finale in piatti più ricchi.

Oltre alla scelta degli ingredienti, un altro aspetto cruciale è la loro preparazione e conservazione. Avere sempre a disposizione una varietà di questi ingredienti base, già pronti all'uso, è un trucco che ogni cuoco pigro dovrebbe conoscere. Cucinare in quantità e conservare porzioni in frigorifero o congelatore è un modo intelligente per assicurarsi che, anche nei giorni più frenetici, ci sia sempre qualcosa di sano e gustoso da mangiare.

In questo viaggio alla scoperta degli ingredienti chiave per una cucina rapida e salutare, esploreremo non solo il loro valore nutrizionale, ma anche le loro storie, le loro origini e le infinite possibilità che offrono. Ogni ingrediente ha una sua personalità, una sua essenza unica che, se compresa e valorizzata, può trasformare anche il pasto più semplice in un'esperienza culinaria indimenticabile. Questa è la magia di una cucina che si nutre di ingredienti semplici, puri e ricchi di gusto: una cucina che celebra la vita, in ogni suo boccone.

Organizzare la Tua Cucina per il Successo

L'organizzazione della cucina è un'arte che va ben oltre la mera disposizione fisica degli utensili e degli ingredienti. È la creazione di un ambiente che ispira, che invita alla creazione di piatti sani e veloci, trasformando ogni sessione culinaria in un'esperienza piacevole e senza stress. Organizzare la cucina per il successo significa creare uno spazio che non solo facilita la preparazione dei pasti, ma che eleva lo spirito, rinnova la passione per il cibo e trasforma la cucina in un rituale gioioso e non un compito gravoso.

Il primo passo in questa trasformazione è comprendere l'importanza di avere tutto a portata di mano. Gli utensili che si utilizzano più frequentemente dovrebbero essere facilmente accessibili. Pentole, padelle, coltelli, taglieri, e piccoli elettrodomestici come frullatori o robot da cucina, dovrebbero trovare posto in zone della cucina facilmente raggiungibili. Questa disposizione strategica riduce il tempo speso nella preparazione, consentendo di concentrarsi sulla parte creativa del cucinare.

Un altro aspetto fondamentale è l'organizzazione degli ingredienti. Separare gli alimenti per categorie e conservarli in contenitori trasparenti o etichettati aiuta a ridurre il tempo trascorso nella ricerca degli stessi. Ad esempio, dividere cereali, legumi, spezie, farine e dolcificanti naturali in sezioni distinte può semplificare notevolmente il processo di preparazione dei pasti. Questo tipo di organizzazione permette anche di avere una visione chiara di ciò che si possiede, riducendo gli sprechi e incentivando l'uso di tutti gli ingredienti disponibili.

La gestione dello spazio in frigorifero e freezer è altrettanto cruciale. Un frigorifero ben organizzato, con verdure e frutta visibili e facilmente accessibili, invita a sceglierli più frequentemente. Utilizzare il freezer per conservare ingredienti o pasti pronti può essere una vera e propria salvezza nei giorni più affaccendati, garantendo sempre l'accesso a opzioni salutari.

Un ulteriore elemento chiave nell'organizzazione della cucina è la pianificazione dei pasti. Pianificare i pasti settimanali, anche solo in modo generale, può aiutare a ridurre lo stress e a garantire che la cucina sia sempre fornita degli ingredienti necessari per realizzare piatti sani e gustosi. Questo non significa seguire un piano rigido, ma avere una linea guida che permetta flessibilità e creatività, adattandosi alle variazioni del quotidiano.

L'atmosfera della cucina gioca un ruolo non meno importante. Creare un ambiente accogliente, dove ci si sente ispirati e a proprio agio, può fare una grande differenza. Che si tratti di appendere quadri ispiratori, avere piante aromatiche sul davanzale della finestra o suonare musica rilassante durante la preparazione dei pasti, ogni dettaglio contribuisce a rendere la cucina un luogo di benessere e creatività.

Inoltre, l'organizzazione della cucina deve essere un processo dinamico, che si adatta e evolve insieme alle proprie esigenze e preferenze culinarie. Periodicamente, può essere utile rivedere l'organizzazione degli spazi, eliminando ciò che non si utilizza e incorporando nuovi elementi che possono semplificare o arricchire l'esperienza in cucina.

Organizzare la cucina per il successo, quindi, è molto più di un mero aspetto pratico; è un atto di cura verso se stessi, un modo per esprimere la propria personalità e la propria passione per il cibo. È creare un santuario personale dove ogni attrezzo, ogni ingrediente e ogni dettaglio contribuisce a creare piatti sani, gustosi e realizzati con amore. In questo spazio, la cucina non è più vista come un obbligo, ma come un'opportunità per nutrire il corpo e l'anima, un luogo dove la salute e il piacere si incontrano e si fondono in un'esperienza culinaria unica e gratificante.

Consigli per la Spesa Intelligente e Veloce

La spesa, spesso vista come un compito noioso e dispendioso in termini di tempo, può trasformarsi in un'esperienza piacevole e produttiva con il giusto approccio. Fare la spesa in modo intelligente e veloce è una componente fondamentale per chi aspira a una cucina sana e rapida. Una spesa ben fatta è il preludio a pasti gustosi, nutrizionalmente equilibrati e semplici da preparare.

Il segreto di una spesa efficiente risiede nella pianificazione. Prima di avventurarsi tra gli scaffali del supermercato, è fondamentale avere una lista ben definita. Questa lista non dovrebbe essere solo una serie di articoli da acquistare, ma una mappa strategica che riflette il piano dei pasti per la settimana. Pensare in anticipo ai piatti che si vogliono preparare permette di acquistare esattamente ciò che è necessario, evitando sprechi e acquisti impulsivi.

Una buona lista della spesa è organizzata per categorie: verdure, frutta, cereali, proteine, latticini, ecc. Questo non solo velocizza il processo di spesa, ma assicura anche che non si dimentichi nulla di essenziale. Inoltre, preferire prodotti di stagione e locali non solo garantisce una qualità superiore, ma supporta anche l'economia locale e riduce l'impatto ambientale.

Un altro aspetto importante è la frequenza della spesa. Fare la spesa una volta a settimana, con eventuali piccoli rifornimenti per prodotti freschi, è generalmente più efficiente rispetto a visite frequenti al supermercato. Questo aiuta a risparmiare tempo e a ridurre la tentazione di acquisti non pianificati.

È anche fondamentale conoscere il proprio supermercato. Sapere dove sono posizionati i diversi prodotti può ridurre notevolmente il tempo trascorso a cercarli. Inoltre, molti supermercati offrono l'opzione di fare la spesa online, con consegna a domicilio o ritiro in negozio, un servizio che può risparmiare tempo prezioso per chi ha un programma fitto.

Oltre alla pianificazione, un altro elemento chiave per una spesa intelligente è la flessibilità. A volte, non tutti gli ingredienti desiderati possono essere disponibili. In questi casi, essere aperti a sostituzioni o variazioni può non solo salvare la situazione, ma anche aprire a nuove idee e sapori.

La qualità degli ingredienti è un altro fattore da considerare. Scegliere prodotti freschi e di buona qualità, quando possibile, migliora significativamente il gusto e il valore nutritivo dei pasti. Questo non significa necessariamente spendere di più, ma fare scelte consapevoli, bilanciando qualità e budget.

Infine, è importante evitare di fare la spesa quando si è affamati. Fare la spesa a stomaco vuoto può portare a scelte impulsive e meno salutari. Uno snack sano prima di partire può aiutare a mantenere la concentrazione sugli acquisti pianificati.

Una spesa ben organizzata è la base per una cucina sana e rapida, un elemento essenziale per trasformare l'alimentazione quotidiana in un'esperienza gratificante e senza stress. Con questi consigli, la spesa non sarà più vista come un obbligo, ma come un'opportunità per nutrire la propria creatività culinaria e il proprio benessere.

Questa esplorazione ci ha mostrato che il tempo in cucina non deve essere un ostacolo, ma può diventare un alleato prezioso per una vita sana e appagante. Il viaggio nella cucina veloce e nutriente non si ferma qui, ma continua ogni giorno, in ogni scelta che facciamo, in ogni piatto che prepariamo, celebrando la bellezza e la semplicità di un'alimentazione che nutre corpo e spirito.

Capitolo 3: Strumenti Essenziali per la Cucina Pigra

Entrare in una cucina dovrebbe essere un'esperienza che incita alla creatività e al piacere, specialmente quando si desidera coniugare la passione per il buon cibo con la necessità di risparmiare tempo e sforzo. Dall'essenzialità degli utensili alla magia delle tecniche di cottura, fino ai segreti di una cucina sempre pulita e organizzata, si dispiega un universo dove efficienza e piacere si fondono in perfetta armonia. Questa sezione è una mappa per navigare nel mondo della cucina pigra, rivelando come ogni componente, ogni strumento e ogni azione possano trasformare la routine culinaria in un viaggio entusiasmante e senza fatica.

Gli Strumenti Indispensabili

In ogni cucina che si rispetti, soprattutto in quella di chi ama preparare pasti deliziosi senza impiegare troppo tempo, esistono strumenti che si rivelano alleati insostituibili.

Il primo strumento che non può mancare è una buona padella antiaderente. Questa è la regina della cucina veloce: ideale per saltare verdure, cuocere carne o pesce, e perfetta per piatti all-in-one. La sua superficie antiaderente permette una cottura con poco o nessun grasso aggiunto, facilitando non solo la preparazione dei cibi, ma anche la pulizia successiva.

Accanto alla padella antiaderente, un set di pentole di buona qualità è essenziale. Queste dovrebbero includere almeno una pentola grande per zuppe e stufati e una più piccola per salse e contorni. La scelta dei materiali è fondamentale: pentole in acciaio inossidabile o in ghisa smaltata, ad esempio, garantiscono una distribuzione uniforme del calore e una lunga durata.

Un coltello da chef affilato è un altro strumento cruciale. Un buon coltello non solo rende il taglio di verdure, carne e altri ingredienti più rapido e sicuro, ma riduce anche la fatica durante la preparazione. Accanto al coltello da chef, un coltello per il pane e uno per sbucciare le verdure completano l'arsenale.

Non meno importanti sono gli strumenti per la misurazione. Un set di misurini e cucchiai dosatori permette di seguire le ricette con precisione, assicurando risultati sempre perfetti. Inoltre, una bilancia da cucina digitale può fare la differenza per dosare gli ingredienti secchi e liquidi con estrema precisione.

Un robot da cucina multifunzione può essere una vera manna per chi vuole risparmiare tempo. Questo strumento può tritare, grattugiare, impastare e molto altro ancora, riducendo notevolmente il tempo di preparazione di molti piatti.

Per la cottura veloce, un microonde di buona qualità è un vero e proprio salvavita. Perfetto per riscaldare, scongelare o addirittura cuocere alcuni tipi di alimenti, il microonde è un fedele alleato per pasti rapidi e senza complicazioni.

Un altro strumento che sta guadagnando popolarità nelle cucine moderne è l'Instant Pot o simili pentole a pressione elettriche multifunzione. Questi apparecchi combinano le funzioni di cottura a pressione, slow cooker, macchina per il riso, e molto altro, permettendo di preparare una vasta gamma di piatti con un unico dispositivo, risparmiando tempo e spazio.

Per i pasti veloci, una griglia elettrica o una bistecchiera può essere un ottimo investimento. Sono perfette per grigliare carne, pesce o verdure in modo rapido e salutare, con il minimo sforzo e la massima resa in termini di gusto.

Infine, non dimentichiamo gli strumenti più semplici ma non meno importanti: una buona grattugia, un pelapatate, un apribottiglie, un paio di pinze da cucina, spatole e cucchiai di legno. Ogni strumento ha il suo ruolo e può fare la differenza nella preparazione di un pasto.

Dotare la propria cucina di questi strumenti non significa riempirla di oggetti superflui, ma selezionare con cura ciò che può realmente semplificare e velocizzare il processo di preparazione dei pasti. Una cucina ben equipaggiata è il primo passo per trasformare la cucina "pigra" in un'esperienza culinaria ricca, gratificante e sorprendentemente semplice. In questa cucina, ogni strumento ha il suo posto e la sua funzione, contribuendo a creare un ambiente in cui la preparazione dei pasti diventa un piacere, non un compito.

Tecniche di Cucina Rapide e Facili

Nell'arte di creare pasti deliziosi senza impiegare troppo tempo, le tecniche di cucina giocano un ruolo fondamentale. Per la cucina pigra, ovvero per chi desidera risultati gustosi con il minimo sforzo, esistono metodi e astuzie che trasformano l'esperienza culinaria, rendendola piacevolmente semplice e incredibilmente efficace.

Una delle tecniche più amate in questo contesto è la cucina one-pot, ovvero la preparazione di interi pasti in un unico recipiente. Questo metodo non solo riduce i tempi di cottura, ma anche quelli di pulizia, essendo necessario lavare un solo utensile. Dai risotti ai stufati, passando per pasta e casseruole, la cucina one-pot si adatta a una varietà di piatti, esaltandone sapori e aromi.

Un altro approccio prezioso è la cottura a pacchetto, o en papillote. Questa tecnica prevede di cuocere gli alimenti, spesso pesce o verdure, in un involucro chiuso, come carta da forno o alluminio. Il cibo si cucina nel proprio vapore, mantenendo intatte le sue proprietà nutritive e i suoi sapori. È un metodo semplice, veloce e che minimizza il disordine in cucina.

La cottura su piastra o griglia è ideale per chi cerca rapidità e gusto. Questo metodo permette di cuocere velocemente carne, pesce e verdure, conferendo loro quel caratteristico sapore grigliato. Utilizzare una griglia elettrica o una piastra in cucina rende questo processo ancora più semplice e controllato.

L'utilizzo del microonde per più di semplici riscaldamenti è un'altra tecnica da non sottovalutare. Oltre a scongelare e riscaldare, il microonde può essere impiegato per cucinare verdure al vapore, preparare uova in pochi minuti o persino cuocere dolci veloci come mug cakes.

Una pratica che sta guadagnando popolarità è l'uso di frullatori o mixer ad alta potenza per preparare frullati, smoothies, zuppe e salse. Questi apparecchi permettono di ottenere consistenze cremose e omogenee in pochissimo tempo, ideali per pasti nutrienti e veloci.

La marinatura rapida è un'altra tecnica utile. Utilizzando acidi come limone o aceto, spezie e erbe, è possibile insaporire carne, pesce o verdure in tempi brevi. Questo processo non solo arricchisce il gusto dei cibi, ma può anche contribuire a renderli più teneri e succulenti.

Inoltre, la cucina pigra può avvalersi di metodi di cottura multitasking. Ad esempio, cuocere due componenti del pasto nello stesso forno, magari utilizzando griglie diverse, ottimizza il tempo e l'energia impiegata.

Per chi ama i dolci, tecniche come la preparazione di dessert senza cottura o l'utilizzo di impasti pronti possono essere una vera manna. Questi metodi permettono di creare dolci deliziosi con pochissimo sforzo e tempo.

Infine, non si può parlare di tecniche di cucina rapide e facili senza menzionare l'importanza di un buon mise en place, ovvero la preparazione e l'organizzazione di tutti gli ingredienti prima di iniziare a cucinare. Questo passaggio, sebbene possa sembrare un aumento del lavoro preliminare, in realtà risparmia tempo durante la cottura, rendendo il processo più fluido e piacevole.

Adottando queste tecniche, chiunque può trasformare la propria cucina in un luogo di magia culinaria, dove piatti deliziosi nascono con facilità e rapidità. Questi metodi non solo semplificano il processo di preparazione dei pasti, ma arricchiscono l'esperienza culinaria, rendendola un momento di creatività e piacere, anche per i cuochi più pigri.

Come Mantenere la Cucina Pulita e Ordinata

Mantenere una cucina pulita e ordinata è essenziale non solo per questioni igieniche, ma anche per creare un ambiente in cui la preparazione dei pasti sia un'esperienza piacevole e rilassante. Una cucina disordinata può essere fonte di stress e rendere il processo di cucina più lento e faticoso. Per chi aspira a una cucina "pigra", ma efficiente, ci sono vari passaggi e strategie da seguire che trasformano la pulizia e l'ordine da compiti gravosi a parte naturale e gestibile del processo culinario.

Uno dei primi principi per mantenere l'ordine in cucina è quello di "pulire mentre si cucina". Questo approccio prevede di svolgere piccoli compiti di pulizia durante le varie fasi della preparazione dei pasti. Ad esempio, lavare gli utensili o le ciotole non appena si finisce di usarli, o pulire i piani di lavoro mentre si aspetta che il cibo cuoca. Questo metodo non solo riduce il disordine finale, ma rende anche più piacevole lo spazio di lavoro.

Un'altra strategia efficace è quella di organizzare e sistemare la cucina subito dopo i pasti. Dedicare cinque o dieci minuti a riordinare piatti, pentole e utensili subito dopo aver mangiato evita l'accumulo di sporco e disordine, che altrimenti potrebbe diventare soverchiante.

È importante anche stabilire una routine per la pulizia più profonda della cucina. Questo potrebbe includere attività come pulire il forno, svuotare e pulire il frigorifero, o pulire a fondo i piani di lavoro. Queste attività possono essere programmate su base settimanale o mensile, a seconda delle necessità e dell'uso della cucina.

L'organizzazione degli spazi di stoccaggio è fondamentale per mantenere l'ordine. Ciò significa avere un posto per ogni cosa e ogni cosa al suo posto. Utilizzare sistemi di stoccaggio come barattoli etichettati per gli ingredienti secchi, contenitori impilabili per gli avanzi e organizzatori per cassetti e armadietti aiuta a mantenere tutto ordinato e facilmente accessibile.

Inoltre, è utile adottare l'abitudine di fare periodicamente un inventario di ciò che si possiede e di disfarsi di oggetti che non si utilizzano più o che sono danneggiati. Questo non solo libera spazio, ma rende più funzionale e piacevole l'ambiente di cucina.

Per quanto riguarda la pulizia delle superfici, l'uso di prodotti efficaci e sicuri è fondamentale. Prodotti naturali come aceto, bicarbonato di sodio o limone possono essere ottimi alleati per pulire e disinfettare senza ricorrere a sostanze chimiche aggressive.

Un altro aspetto importante è la manutenzione degli elettrodomestici. Pulire regolarmente forno, microonde e altri apparecchi non solo garantisce una maggiore igiene, ma anche una maggiore efficienza e durata nel tempo.

Per chi ha poco tempo o tende alla pigrizia, la tecnologia può venire in aiuto. Oggi esistono numerosi gadget e dispositivi che semplificano le pulizie, come aspirapolvere robot, panni in microfibra che richiedono meno sforzo per pulire, o spazzole per la pulizia veloce di griglie e padelle.

Infine, un elemento spesso trascurato, ma non meno importante, è la ventilazione della cucina. Assicurarsi che la cucina sia ben ventilata aiuta a ridurre gli odori e mantiene l'ambiente più fresco e piacevole, soprattutto durante la cottura.

Adottando queste strategie e abitudini, si può trasformare la pulizia e l'ordine da attività noiose e faticose a parti naturali e gestibili della routine culinaria, rendendo la cucina un luogo dove è un piacere cucinare e trascorrere il tempo.

In viaggio in questo capitolo abbiamo esplorato come gli utensili giusti possano semplificare il processo culinario, come le tecniche rapide siano alleate preziose per piatti deliziosi in poco tempo e come mantenere l'ordine e la pulizia diventi parte integrante di questo processo. Ogni elemento discusso qui è un tassello che contribuisce a creare un'esperienza culinaria rilassata e piacevole, perfetta per chi desidera godere dei piaceri della tavola senza il peso di procedure complesse o di lunghe pulizie. Queste pagine si propongono di essere una guida per chiunque voglia vivere la cucina in modo sereno e soddisfacente, dimostrando che con gli strumenti e le conoscenze giuste, anche la cucina pigra può essere un luogo di gioia e scoperta.

Capitolo 4: Colazioni Sane in 10 Minuti

Iniziare la giornata con una colazione sana ed equilibrata è fondamentale, ma spesso si pensa che preparare pasti nutrienti richieda tempo e sforzo. Qui, il concetto di colazione si trasforma, offrendo soluzioni per tutti i gusti, dalle opzioni dolci e confortanti a quelle salate e ricche di energia. Dalle bevande ricche di vitamine ai piatti proteici, ogni ricetta è pensata per infondere vitalità e benessere, dimostrando che una colazione nutriente può essere realizzata in soli 10 minuti. Queste ricette sono un invito a riscoprire il piacere di una prima colazione che nutre il corpo e rallegra lo spirito, perfette per chi cerca soluzioni veloci senza compromettere la qualità e il sapore.

Smoothie e frullati nutrienti

Ricetta 1: Smoothie Tropicale Energizzante

P.T.: 10 minuti

Ingr.: 1 banana matura, ½ tazza di ananas fresco a cubetti, ½ tazza di mango fresco a cubetti, 1 tazza di spinaci freschi, 1 cucchiaio di semi di chia, 200 ml di latte di cocco, 1 cucchiaino di miele (opzionale).

Dosi: Per 2 persone

M. di C.: Frullatore

Processo: Inizia tagliando la banana, l'ananas e il mango a pezzetti. Aggiungi tutti gli ingredienti nel frullatore, includendo gli spinaci, i semi di chia, il latte di cocco e il miele. Frulla fino ad ottenere una consistenza liscia e cremosa. Se necessario, aggiungi un po' d'acqua per raggiungere la densità desiderata.

N.V.: Ricco di vitamina C, potassio e fibre, ideale per un inizio di giornata energico e nutritivo.

Ricetta 2: Smoothie Verde Rivitalizzante

P.T.: 10 minuti

Ingr.: 1 mela verde, ½ cetriolo, 1 tazza di cavolo riccio, ½ avocado, succo di 1 lime, 1 cucchiaino di zenzero fresco grattugiato, 250 ml di acqua fredda.

Dosi: Per 1-2 persone

M. di C.: Frullatore

Processo: Taglia la mela verde e il cetriolo a pezzi, senza rimuovere la buccia per un extra di fibre. Unisci tutti gli ingredienti nel frullatore, aggiungendo il cavolo riccio, l'avocado, il succo di lime e lo zenzero. Frulla fino a ottenere una miscela omogenea. Aggiusta di acqua fino a raggiungere la consistenza preferita.

N.V.: Questo smoothie offre un apporto equilibrato di vitamine, minerali e antiossidanti, perfetto per un risveglio tutto salute.

Ricetta 3: Frullato di Bacche e Avena

P.T.: 10 minuti

Ingr.: 1 tazza di bacche miste (fragole, mirtilli, lamponi), ½ tazza di fiocchi di avena, 1 cucchiaio di semi di lino, 200 ml di latte di mandorla, 1 cucchiaino di estratto di vaniglia, 1 cucchiaio di sciroppo d'acero.

Dosi: Per 2 persone

M. di C.: Frullatore

Processo: Metti le bacche, l'avena, i semi di lino, il latte di mandorla, l'estratto di vaniglia e lo sciroppo d'acero nel frullatore. Frulla fino a che il composto non diventa liscio e cremoso. Se preferisci un frullato più liquido, aggiungi un po' più di latte.

N.V.: Un mix di fibre, antiossidanti e carboidrati complessi, ideale per una colazione equilibrata e saziante.

Ricetta 4: Frullato Proteico all'Arancia e Cannella

P.T.: 10 minuti

Ingr.: 2 arance pelate, ½ tazza di yogurt greco, 1 scoop di proteine in polvere alla vaniglia, 1 cucchiaino di cannella in polvere, 1 banana, 200 ml di latte di soia.

Dosi: Per 2 persone

M. di C.: Frullatore

Processo: Combina nel frullatore le arance, lo yogurt greco, la proteina in polvere, la cannella, la banana e il latte di soia. Frulla fino ad ottenere una consistenza omogenea e cremosa.

N.V.: Ricco di proteine, vitamine e un tocco di dolcezza speziata, questo frullato è perfetto per un post-allenamento o una colazione rinforzante.

Ricetta 5: Frullato di Kiwi e Menta Fresca

P.T.: 10 minuti

Ingr.: 3 kiwi pelati, 10 foglie di menta fresca, 1 cucchiaio di miele, 200 ml di acqua di cocco, ghiaccio a piacere.

Dosi: Per 1-2 persone

M. di C.: Frullatore

Processo: Metti nel frullatore i kiwi, la menta fresca, il miele e l'acqua di cocco. Aggiungi il ghiaccio per un effetto rinfrescante. Frulla fino a ottenere una consistenza liscia e rinfrescante.

N.V.: Questo frullato è un concentrato di vitamina C e proprietà rinfrescanti, ideale per una colazione estiva o come drink rigenerante.

Colazioni proteiche veloci

Ricetta 1: Frittata Veloce alle Erbe

P.T.: 10 minuti

Ingr.: 3 uova, 1 manciata di spinaci freschi, 2 cucchiai di erbe aromatiche miste (basilico, prezzemolo, timo), 30 g di feta sbriciolata, sale e pepe q.b., 1 cucchiaino di olio d'oliva.

Dosi: Per 1 persona

M. di C.: Padella

Processo: Sbatti le uova in una ciotola, aggiungi gli spinaci tritati, le erbe aromatiche, la feta, sale e pepe. Riscalda l'olio in una padella e versa il composto. Cuoci a fuoco medio per circa 5 minuti, finché la frittata non è dorata e cotta uniformemente.

N.V.: Alta in proteine e ricca di vitamine grazie alle erbe e agli spinaci.

Ricetta 2: Pancake Proteico al Banana e Cacao

P.T.: 10 minuti

Ingr.: 1 banana matura, 2 uova, 30 g di proteine in polvere al cioccolato, 1 cucchiaino di cacao in polvere, ½ cucchiaino di lievito per dolci, un pizzico di sale.

Dosi: Per 2 persone

M. di C.: Padella antiaderente

Processo: Schiaccia la banana e mescola con le uova, la proteina in polvere, il cacao, il lievito e il sale. Riscalda una padella antiaderente e cuoci i pancake a fuoco medio, circa 2 minuti per lato.

N.V.: Un'ottima fonte di proteine e potassio, perfetti per una colazione energizzante.

Ricetta 3: Toast Proteico con Avocado e Uovo

P.T.: 10 minuti

Ingr.: 2 fette di pane integrale, 1 avocado maturo, 2 uova, succo di limone q.b., sale e pepe, peperoncino in fiocchi (opzionale).

Dosi: Per 2 persone

M. di C.: Tostapane e padella

Processo: Tosta il pane. Schiaccia l'avocado con succo di limone, sale e pepe. Friggi le uova. Spalma l'avocado sul pane tostato e adagia sopra l'uovo. Cospargi di peperoncino se desiderato.

N.V.: Ricco di grassi sani, fibre e proteine, un perfetto equilibrio per iniziare la giornata.

Ricetta 4: Smoothie Bowl Proteico ai Frutti Rossi

P.T.: 10 minuti

Ingr.: 200 g di frutti rossi congelati, 1 banana, 30 g di proteine in polvere alla vaniglia, 100 ml di latte di mandorla, topping: granola, semi di chia, fette di banana.

Dosi: Per 1 persona

M. di C.: Frullatore

Processo: Frulla i frutti rossi, la banana, la proteina in polvere e il latte di mandorla fino a ottenere una consistenza cremosa. Versa in una ciotola e aggiungi i topping a piacere.

N.V.: Un concentrato di antiossidanti, proteine e carboidrati complessi.

Ricetta 5: Omelette di Albume con Verdure

P.T.: 10 minuti

Ingr.: 4 albumi, ½ peperone rosso, ½ zucchina, 2 cucchiai di cipolla tritata, 1 cucchiaio di olio d'oliva, sale e pepe.

Dosi: Per 1 persona

M. di C.: Padella

Processo: Taglia il peperone e la zucchina a cubetti. Soffriggi la cipolla nell'olio, aggiungi le verdure e cuoci per qualche minuto. Aggiungi gli albumi, sale e pepe e cuoci fino a quando l'omelette non è ben rappresa.

N.V.: Un piatto leggero ma nutriente, ricco di proteine e basso in grassi.

Idee per colazioni dolci e salate

Ricetta 1: Yogurt Greco con Miele e Noci

P.T.: 5 minuti

Ingr.: 200 g di yogurt greco, 2 cucchiai di miele, 30 g di noci miste (noci, mandorle, nocciole), 1 pizzico di cannella.

Dosi: Per 1 persona

M. di C.: Nessuno

Processo: Versa lo yogurt in una ciotola. Aggiungi il miele e mescola bene. Cospargi con le noci tritate e una spolverata di cannella.

N.V.: Una combinazione ricca di proteine, calcio e grassi salutari, con un tocco dolce e speziato.

Ricetta 2: Toast di Ricotta e Fragole

P.T.: 10 minuti
Ingr.: 2 fette di pane integrale, 100 g di ricotta, 5-6 fragole, 1 cucchiaino di zucchero di canna, foglie di menta per guarnire.
Dosi: Per 2 persone
M. di C.: Tostapane
Processo: Tosta il pane e spalma su ciascuna fetta una generosa quantità di ricotta. Taglia le fragole a fette e disponile sopra la ricotta. Spolvera con lo zucchero di canna e decora con foglie di menta.
N.V.: Un'ottima fonte di proteine e vitamina C, con un equilibrio perfetto tra dolce e fresco.

Ricetta 3: Muffin Salati di Spinaci e Feta

P.T.: 10 minuti
Ingr.: 2 uova, 50 g di spinaci tritati, 30 g di feta sbriciolata, sale, pepe, olio d'oliva per ungere.
Dosi: Per 4 muffin
M. di C.: Forno a microonde
Processo: Sbatti le uova con sale e pepe. Aggiungi gli spinaci e la feta. Versa il composto in stampini per muffin precedentemente unti. Cuoci nel microonde a massima potenza per 3-4 minuti.
N.V.: Un concentrato di proteine, ferro e calcio, ideale per una colazione salata e nutriente.

Ricetta 4: Porridge di Avena e Mela Caramellata

P.T.: 10 minuti
Ingr.: ½ tazza di fiocchi di avena, 1 tazza di latte, 1 mela, 1 cucchiaino di burro, 2 cucchiai di zucchero di canna, cannella q.b.
Dosi: Per 1 persona
M. di C.: Pentola
Processo: Cuoci l'avena nel latte finché non diventa cremosa. Nel frattempo, taglia la mela a fettine e saltala in padella con burro, zucchero di canna e cannella, fino a che non diventa dorata. Servi il porridge con le mele caramellate sopra.
N.V.: Un piatto confortante ricco di fibre, vitamine e un tocco di dolcezza naturale.

Abbiamo percorso un viaggio culinario che ci ha dimostrato come la colazione, il pasto più importante della giornata, possa essere sia deliziosa sia veloce da preparare. Ogni ricetta presentata è stata pensata per adattarsi a uno stile di vita dinamico, offrendo soluzioni rapide che non sacrificano il gusto o il valore nutrizionale. Queste colazioni sono la combinazione perfetta di praticità e piacere, progettate per soddisfare i palati più diversi e per fornire l'energia necessaria per affrontare la giornata. L'obiettivo è stato quello di trasformare la colazione in un momento di gioia, un'occasione per nutrire il corpo con ingredienti ricchi e gustosi, dimostrando che dedicare attenzione alla propria alimentazione può essere semplice e soddisfacente, anche per chi ha poco tempo a disposizione.

Capitolo 5: Pranzi Veloci e Sfiziosi

La pausa pranzo è quel momento della giornata in cui ricaricare le energie con un pasto gustoso e nutriente, ma spesso il tempo è tiranno. Dalle colorate e fresche insalatone, ai panini e wrap ricchi di sapore, fino alle confortanti zuppe e stufati, ogni ricetta è un viaggio nel gusto che soddisfa il palato senza appesantire la giornata. Queste ricette sono state pensate per essere facili da preparare, nutrienti e deliziose, dimostrando che un pranzo veloce non deve necessariamente essere sinonimo di cibo poco sano o poco appetitoso.

Insalate rapide e gustose

Ricetta 1: Insalata Mediterranea di Quinoa e Feta

P.T.: 10 minuti

Ingr.: 1 tazza di quinoa cotta, ½ cetriolo, 10 pomodorini ciliegia, 50 g di feta, 10 olive nere, 2 cucchiai di olio extravergine d'oliva, succo di 1 limone, un pizzico di origano, sale e pepe.

Dosi: Per 2 persone

M. di C.: Nessuna cottura aggiuntiva richiesta

Processo: Unisci la quinoa cotta in una ciotola con cetriolo tagliato a cubetti, pomodorini divisi a metà, feta sbriciolata e olive nere. Condisci con olio, succo di limone, origano, sale e pepe. Mescola bene prima di servire.

N.V.: Ricca di proteine vegetali e acidi grassi sani, questa insalata è un pasto completo e bilanciato.

Ricetta 2: Insalata Croccante di Cavolo Rosso e Carote

P.T.: 10 minuti

Ingr.: 2 tazze di cavolo rosso tagliato finemente, 1 carota grattugiata, ½ mela verde, 2 cucchiai di semi di girasole, per il condimento: 3 cucchiai di yogurt greco, 1 cucchiaino di miele, 1 cucchiaio di aceto di mele, sale e pepe.

Dosi: Per 2 persone

M. di C.: Nessuna cottura

Processo: Mescola cavolo, carota e mela tagliata a bastoncini in una ciotola. Prepara il condimento unendo yogurt, miele, aceto, sale e pepe. Versa il condimento sull'insalata e cospargi con semi di girasole.

N.V.: Un'insalata ricca di fibre, vitamine e un tocco di dolcezza naturale.

P.T.: 10 minuti

Ingr.: 200 g di petto di pollo grigliato a strisce, 2 tazze di lattuga romana, ½ avocado a fette, 2 cucchiai di senape, 1 cucchiaio di miele, 1 cucchiaio di aceto balsamico, olio d'oliva, sale e pepe.

Dosi: Per 2 persone

M. di C.: Nessuna cottura aggiuntiva

Processo: Unisci il pollo, l'avocado e la lattuga in una ciotola. Mescola senape, miele, aceto e un filo d'olio per il condimento. Condisci l'insalata, aggiusta di sale e pepe e servi.

N.V.: Equilibrata in proteine e grassi sani, con un tocco agrodolce.

Ricetta 4: Insalata di Farro con Pomodori Secchi e Rucola

P.T.: 10 minuti

Ingr.: 1 tazza di farro cotto, ½ tazza di pomodori secchi, 1 manciata di rucola, 2 cucchiai di pinoli tostati, 3 cucchiai di olio extravergine d'oliva, succo di ½ limone, sale e pepe.

Dosi: Per 2 persone

M. di C.: Nessuna cottura aggiuntiva

Processo: In una ciotola unisci farro, pomodori secchi tritati, rucola e pinoli. Condisci con olio, succo di limone, sale e pepe. Mescola bene prima di servire.

N.V.: Ricco di fibre, antiossidanti e grassi sani.

Ricetta 5: Insalata di Ceci Speziati e Spinaci

P.T.: 10 minuti

Ingr.: 1 tazza di ceci già cotti, 2 tazze di spinaci freschi, 1 piccola cipolla rossa affettata, 1 cucchiaino di cumino in polvere, 1 cucchiaino di paprika, olio extravergine d'ol
iva, succo di 1 limone, sale e pepe.

Dosi: Per 2 persone

M. di C.: Nessuna cottura aggiuntiva

Processo: In una ciotola mescola i ceci con cumino, paprika, sale e pepe. Aggiungi gli spinaci, la cipolla, un filo d'olio e il succo di limone. Mescola bene e servi.

N.V.: Una fonte eccellente di proteine vegetali, ferro e vitamine.

Panini e wrap per un pranzo al volo

Ricetta 1: Wrap Mediterraneo con Hummus e Verdure

P.T.: 10 minuti

Ingr.: 2 wrap integrali, 100 g di hummus, 1 piccola zucchina grigliata, 1 peperone rosso grigliato, 50 g di feta, foglie di lattuga, olive nere snocciolate, olio extravergine d'oliva, succo di limone.

Dosi: Per 2 wrap

M. di C.: Nessuna cottura richiesta

Processo: Spalma l'hummus sui wrap. Aggiungi zucchine e peperoni grigliati, sbriciola la feta sopra, aggiungi lattuga e olive. Condisci con un filo d'olio e un po' di succo di limone. Arrotola i wrap con cura.

N.V.: Ricco di proteine vegetali, vitamine e fibre.

Ricetta 2: Panino al Salmone Affumicato e Avocado

P.T.: 5 minuti

Ingr.: 2 fette di pane integrale, 100 g di salmone affumicato, ½ avocado, 1 cucchiaio di formaggio fresco spalmabile, succo di limone, aneto fresco, sale e pepe.

Dosi: Per 1 panino

M. di C.: Tostapane

Processo: Tosta il pane. Schiaccia l'avocado e condiscilo con succo di limone, sale e pepe. Spalma il formaggio sul pane, aggiungi l'avocado, il salmone e guarnisci con aneto.

N.V.: Un'ottima fonte di acidi grassi omega-3 e grassi sani.

Ricetta 3: Wrap di Pollo al Curry con Insalata Croccante

P.T.: 10 minuti

Ingr.: 2 wrap integrali, 150 g di petto di pollo al curry, 1 tazza di insalata mista, 1 carota grattugiata, 2 cucchiai di yogurt greco, 1 cucchiaino di curry in polvere, sale.

Dosi: Per 2 wrap

M. di C.: Nessuna cottura aggiuntiva

Processo: Mescola lo yogurt con il curry e un pizzico di sale. Distribuisci il pollo al curry sui wrap, aggiungi l'insalata e la carota. Condisci con la salsa allo yogurt e arrotola.

N.V.: Bilanciato in proteine e ricco di fibre.

Ricetta 4: Panino Vegetariano con Hummus e Verdure Grigliate

P.T.: 10 minuti

Ingr.: 2 panini integrali, 100 g di hummus, 1 melanzana piccola grigliata, 1 zucchina grigliata, foglie di rucola, olio extravergine d'oliva, aceto balsamico.

Dosi: Per 2 panini

M. di C.: Grill o padella per grigliare

Processo: Griglia la melanzana e la zucchina. Spalma l'hummus sui panini, aggiungi le verdure grigliate e la rucola. Condisci con olio e aceto balsamico.

N.V.: Ricco di fibre, vitamine e minerali.

P.T.: 5 minuti

Ingr.: 2 fette di pane ai cereali, 2 fette di petto di tacchino, 2 fette di formaggio cheddar, 2 foglie di lattuga, 1 pomodoro a fette, senape.

Dosi: Per 1 panino

M. di C.: Tostapane

Processo: Tosta il pane, poi costruisci il panino alternando tacchino, cheddar, lattuga e pomodoro. Aggiungi un tocco di senape per sapore.

N.V.: Bilanciato in proteine magre, calcio e fibre.

Zuppe e stufati facili e riscaldanti

Ricetta 1: Zuppa di Lenticchie Rosse e Carote

P.T.: 10 minuti

Ingr.: 1 tazza di lenticchie rosse, 2 carote tritate, 1 cipolla piccola tritata, 2 spicchi d'aglio tritati, ½ cucchiaino di curcuma, ½ cucchiaino di cumino, 4 tazze di brodo vegetale, sale, pepe, olio d'oliva.

Dosi: Per 4 persone

M. di C.: Pentola

Processo: Scalda un filo d'olio in una pentola, soffriggi cipolla e aglio fino a doratura. Aggiungi le carote, le lenticchie, la curcuma e il cumino. Versa il brodo vegetale, porta a ebollizione e poi lascia sobbollire per circa 10 minuti. Frulla per ottenere una consistenza cremosa.

N.V.: Ricca di proteine vegetali, fibre e spezie anti-infiammatorie.

Ricetta 2: Stufato di Pollo e Verdure

P.T.: 10 minuti

Ingr.: 200 g di petto di pollo a cubetti, 1 zucchina, 1 peperone rosso, 1 cipolla, 1 latta di pomodori pelati, 1 cucchiaino di erbe aromatiche miste, sale, pepe, olio d'oliva.

Dosi: Per 2 persone

M. di C.: Padella

Processo: In una padella con olio, soffriggi cipolla e pollo fino a doratura. Aggiungi zucchina e peperone tagliati, i pomodori e le erbe. Cuoci a fuoco medio per 10 minuti. Aggiusta di sale e pepe.

N.V.: Fonte di proteine magre e vitamine dai vegetali.

P.T.: 10 minuti

Ingr.: ½ tazza di orzo, 200 g di funghi champignon affettati, 1 cipolla tritata, 1 spicchio d'aglio, 4 tazze di brodo di pollo, prezzemolo tritato, sale, pepe, olio d'oliva.

Dosi: Per 4 persone

M. di C.: Pentola

Processo: Rosola cipolla e aglio in olio, aggiungi funghi e cuoci fino a morbidezza. Aggiungi l'orzo e il brodo, porta a ebollizione poi riduci il fuoco e lascia cuocere fino a che l'orzo è tenero. Condisci con prezzemolo, sale e pepe.

N.V.: Ricca di carboidrati complessi e vitamine del gruppo B dai funghi.

P.T.: 10 minuti

Ingr.: 2 carote, 1 zucchina, 1 patata, 1 cipolla, 1 latta di fagioli cannellini, 1 latta di pomodori pelati, brodo vegetale, sale, pepe, olio extravergine d'oliva.

Dosi: Per 4 persone

M. di C.: Pentola

Processo: In una pentola, soffriggi la cipolla in olio, poi aggiungi le verdure tagliate a cubetti. Unisci i pomodori e i fagioli con il loro liquido. Copri con brodo e cuoci fino a che le verdure sono tenere. Regola di sale e pepe.

N.V.: Ricco di fibre, vitamine e minerali essenziali.

P.T.: 10 minuti

Ingr.: 500 g di zucca già cotta, 1 cipolla piccola, 1 pezzo di zenzero fresco, 3 tazze di brodo vegetale, sale, pepe, olio d'oliva, panna da cucina per guarnire.

Dosi: Per 4 persone

M. di C.: Frullatore o mixer a immersione

Processo: Soffriggi la cipolla e lo zenzero in olio. Aggiungi la zucca e il brodo, porta a ebollizione e lascia cuocere per alcuni minuti. Frulla fino a ottenere una crema liscia. Guarnisci con un filo di panna.

N.V.: Fonte di vitamina A, C e un tocco di spezia dallo zenzero.

Attraverso le pagine di questo capitolo, abbiamo esplorato un arcobaleno di opzioni per pranzi che combinano velocità e sapore. Dalle insalate leggere e croccanti ai panini e wrap saporiti, fino alle zuppe e stufati che scaldano il cuore, abbiamo scoperto che è possibile godere di pranzi deliziosi senza trascorrere ore in cucina. Queste ricette offrono una risposta pratica e piacevole alla sfida di bilanciare una vita frenetica con il desiderio di nutrirsi in modo sano e gustoso. Ogni piatto è stato creato pensando a chi cerca soluzioni rapide ma non vuole rinunciare al piacere di un pasto ricco di sapori e di benessere.

Capitolo 6: Cene Semplici e Soddisfacenti

La cena è quel momento della giornata in cui ci si rilassa e si gode dei frutti del proprio lavoro. In questo contesto, l'idea di cene semplici e soddisfacenti prende vita, sfidando l'equazione tra piatti deliziosi e lunghe preparazioni. Le ricette presentate in queste pagine sono una celebrazione di sapori unici e ingredienti deliziosi, tutti raccolti in piatti che richiedono poco tempo e sforzo. Dalle carni succulente e pesci delicati a opzioni vegetariane e vegane ricche di gusto, ogni ricetta è una finestra su diverse culture culinarie, un invito a esplorare il mondo attraverso la tavola. Queste cene non sono solo rapide da preparare, ma offrono anche la soddisfazione di un pasto equilibrato, nutritivo e sorprendentemente gustoso, perfetto per chi cerca di concludere la giornata in bellezza.

Piatti unici per cene veloci

Ricetta 1: Risotto al Limone e Asparagi

P.T.: 20 minuti
Ingr.: 1 tazza di riso Arborio, 1 mazzo di asparagi, scorza di 1 limone, 1 litro di brodo vegetale, 1 cipolla piccola, 50 g di Parmigiano Reggiano grattugiato, 2 cucchiai di olio extravergine d'oliva, sale e pepe.
Dosi: Per 4 persone
M. di C.: Pentola
Processo: Trita finemente la cipolla e falla soffriggere nell'olio. Aggiungi il riso e tostalo leggermente. Versa gradualmente il brodo bollente, mescolando. Aggiungi gli asparagi tagliati a pezzi e la scorza di limone. Cuoci fino a che il riso è al dente. Spolvera con Parmigiano prima di servire.
N.V.: Un piatto ricco di fibre, vitamina C e calcio.

Ricetta 2: Pollo al Curry con Riso Basmati

P.T.: 20 minuti
Ingr.: 2 petti di pollo, 2 cucchiai di pasta di curry, 200 g di riso basmati, 1 cipolla, 1 latta di latte di cocco, olio d'oliva, sale e coriandolo fresco.
Dosi: Per 4 persone
M. di C.: Padella
Processo: Taglia il pollo a cubetti. Soffriggi la cipolla in olio, aggiungi il pollo e la pasta di curry. Mescola bene e cuoci per alcuni minuti. Aggiungi il latte di cocco e lascia sobbollire. Servi con riso basmati cotto a parte e coriandolo fresco.
N.V.: Ricco di proteine e spezie benefiche per la salute.

Ricetta 3: Frittata di Patate e Cipolle

P.T.: 15 minuti

Ingr.: 4 uova, 2 patate medie, 1 cipolla grande, olio extravergine d'oliva, sale, pepe.

Dosi: Per 4 persone

M. di C.: Padella

Processo: Affetta finemente cipolle e patate. Cuoci in padella con olio finché non sono dorate. Sbatti le uova con sale e pepe, versa sulle patate e cipolle. Cuoci fino a quando l'uovo non si rapprende.

N.V.: Un piatto ricco di carboidrati e proteine, perfetto per una cena sostanziosa.

Ricetta 4: Salmone al Forno con Spinaci e Limone

P.T.: 20 minuti

Ingr.: 4 filetti di salmone, 200 g di spinaci freschi, 1 limone, olio extravergine d'oliva, sale, pepe.

Dosi: Per 4 persone

M. di C.: Forno

Processo: Posiziona i filetti di salmone su una teglia rivestita con carta forno. Condisci con olio, sale, pepe e fette di limone. Cuoci in forno a 200°C per 12-15 minuti. Servi con spinaci appena scottati.

N.V.: Ricco di acidi grassi omega-3, proteine e ferro.

Ricette di carne e pesce in pochi minuti

Ricetta 1: Salmone Agrodolce in Padella

P.T.: 15 minuti

Ingr.: 4 filetti di salmone, 2 cucchiai di miele, 2 cucchiai di salsa di soia, 1 cucchiaio di aceto di riso, 1 spicchio d'aglio tritato, 1 cucchiaino di zenzero fresco grattugiato, olio d'oliva, semi di sesamo, cipollotto per guarnire.

Dosi: Per 4 persone

M. di C.: Padella

Processo: In una ciotola, mescola miele, salsa di soia, aceto di riso, aglio e zenzero per il condimento. Scalda l'olio in padella e cuoci i filetti di salmone 3 minuti per lato. Versa il condimento sulla padella e cuoci per altri 2 minuti. Guarnisci con semi di sesamo e cipollotto tritato.

N.V.: Fonte di proteine e acidi grassi omega-3.

Ricetta 2: Petto di Pollo con Crema di Funghi

P.T.: 20 minuti

Ingr.: 2 petti di pollo, 200 g di funghi champignon, 1 cipolla piccola, 200 ml di panna da cucina, 1 bicchiere di vino bianco, olio d'oliva, sale, pepe.

Dosi: Per 2 persone

M. di C.: Padella

Processo: Taglia il pollo a fette e cuoci in padella con olio fino a doratura. Rimuovi il pollo e soffriggi cipolla e funghi. Aggiungi il vino e lascia evaporare. Versa la panna, mescola e aggiungi il pollo. Cuoci per altri 5 minuti.

N.V.: Ricco di proteine e sapore, con un tocco di cremosità.

Ricetta 3: Filetto di Maiale al Rosmarino

P.T.: 20 minuti

Ingr.: 4 filetti di maiale, 2 rametti di rosmarino, 2 spicchi d'aglio, olio extravergine d'oliva, sale, pepe, 1 bicchiere di vino rosso.

Dosi: Per 4 persone

M. di C.: Padella

Processo: Insaporisci i filetti con sale, pepe e rosmarino tritato. In una padella con olio e aglio, rosola i filetti. Aggiungi il vino rosso e lascia ridurre. Cuoci fino alla cottura desiderata.

N.V.: Fonte di proteine magre e aromi mediterranei.

Ricetta 4: Spiedini di Gamberi e Verdure

P.T.: 15 minuti

Ingr.: 400 g di gamberi sgusciati, 1 peperone, 1 zucchina, sale, pepe, paprika, olio extravergine d'oliva, succo di limone.

Dosi: Per 4 persone

M. di C.: Griglia o padella grill

Processo: Infila i gamberi e le verdure tagliate a pezzi su spiedini. Condisci con olio, sale, pepe, paprika e succo di limone. Griglia gli spiedini per circa 3 minuti per lato.

N.V.: Ricchi di proteine e sapore, con un tocco di freschezza dal limone.

Ricetta 5: Scaloppine di Tacchino al Limone

P.T.: 20 minuti

Ingr.: 4 fette di petto di tacchino, farina, succo di 2 limoni, burro, sale, pepe, prezzemolo tritato.

Dosi: Per 4 persone

M. di C.: Padella

Processo: Infarina leggermente le fette di tacchino. In una padella, sciogli il burro e cuoci le scaloppine fino a doratura. Aggiungi il succo di limone e lascia ridurre la salsa. Condisci con sale, pepe e guarnisci con prezzemolo.

N.V.: Un piatto leggero e saporito, ricco di proteine.

Opzioni vegetariane e vegane rapide

Ricetta 1: Curry di Ceci e Spinaci

P.T.: 20 minuti

Ingr.: 1 latta di ceci scolati, 200 g di spinaci freschi, 1 cipolla tritata, 2 spicchi d'aglio tritati, 1 cucchiaino di zenzero fresco grattugiato, 1 cucchiaino di curry in polvere, 1 latta di latte di cocco, olio extravergine d'oliva, sale, pepe, coriandolo fresco.

Dosi: Per 4 persone

M. di C.: Padella

Processo: In una padella, soffriggi cipolla, aglio e zenzero in olio. Aggiungi curry, ceci e latte di cocco. Lascia sobbollire per 10 minuti. Aggiungi gli spinaci fino a che non appassiscono. Condisci con sale, pepe e coriandolo.

N.V.: Ricco di proteine vegetali, ferro e sapori esotici.

Ricetta 2: Pasta con Pesto di Avocado e Pomodorini

P.T.: 15 minuti

Ingr.: 300 g di pasta, 1 avocado maturo, succo di 1 limone, 1 spicchio d'aglio, 1 manciata di basilico fresco, 100 g di pomodorini, olio extravergine d'oliva, sale, pepe.

Dosi: Per 4 persone

M. di C.: Pentola

Processo: Cuoci la pasta. Frulla avocado, succo di limone, aglio, basilico, sale e pepe per il pesto. Taglia i pomodorini a metà. Scola la pasta e mescola con il pesto e i pomodorini.

N.V.: Un piatto ricco di grassi sani e vitamine.

Ricetta 3: Tofu Saltato con Verdure e Salsa di Soia

P.T.: 15 minuti

Ingr.: 200 g di tofu, 1 peperone rosso, 1 zucchina, 1 carota, 2 cucchiai di salsa di soia, 1 cucchiaino di zenzero fresco, olio di sesamo, semi di sesamo.

Dosi: Per 4 persone

M. di C.: Wok o padella

Processo: Taglia il tofu a cubetti e le verdure a strisce. In un wok, salta il tofu in olio di sesamo, aggiungi le verdure, zenzero e salsa di soia. Cuoci per 5-7 minuti. Guarnisci con semi di sesamo.

N.V.: Un pasto equilibrato con proteine vegetali e nutrienti essenziali.

P.T.: 20 minuti

Ingr.: 1 tazza di couscous, 1 melanzana, 1 peperone giallo, 1 zucchina, 100 g di feta, olio extravergine d'oliva, erbe aromatiche, sale, pepe.

Dosi: Per 4 persone

M. di C.: Forno e pentola

Processo: Taglia le verdure e cuocile in forno con olio e erbe. Prepara il couscous secondo le istruzioni. Unisci il couscous con le verdure arrosto e la feta sbriciolata.

N.V.: Ricco di fibre e vitamine, con un tocco di proteine dalla feta.

Ricetta 5: Risotto ai Funghi e Asparagi

P.T.: 20 minuti

Ingr.: 1 tazza di riso Arborio, 200 g di funghi, 1 mazzo di asparagi, 1 cipolla, 1 spicchio d'aglio, 4 tazze di brodo vegetale, olio extravergine d'oliva, sale, pepe, Parmigiano Reggiano (opzionale).

Dosi: Per 4 persone

M. di C.: Pentola

Processo: Soffriggi cipolla e aglio, aggiungi riso e tostalo. Aggiungi gradualmente il brodo, poi i funghi e asparagi tagliati. Cuoci fino a che il riso è cremoso. Condisci con sale, pepe e Parmigiano.

N.V.: Un piatto completo con carboidrati, proteine vegetali e minerali.

Questo capitolo ha offerto un viaggio culinario dove la rapidità si fonde con la ricchezza del gusto, dimostrando che le cene possono essere allo stesso tempo semplici e straordinarie. Le ricette scelte sono state pensate per adattarsi a stili di vita frenetici senza sacrificare il piacere di un pasto ben fatto. Queste cene sono la prova che la cucina veloce può essere sinonimo di pasti deliziosi e bilanciati, un modo perfetto per concludere la giornata con un sorriso, soddisfatti e nutriti.

Capitolo 7: Snack e Spuntini Salutari

Nel ritmo frenetico della vita quotidiana, trovare il tempo per uno snack salutare può essere una sfida. Qui potete trovare una varietà di snack dolci e salati che soddisfano le vostre voglie senza farvi sentire in colpa, oltre a utili idee per il cibo da viaggio. Ogni ricetta è una fusione di sapori provenienti da culture diverse, creata per offrire piacere e nutrimento in pochi semplici passi. Dalle barrette energetiche fai-da-te agli snack croccanti al forno, queste opzioni sono perfette per chi cerca una soluzione veloce e salutare, adatta a tutti i gusti e a tutte le occasioni.

Snack dolci senza sensi di colpa

Ricetta 1: Biscotti all'Avena e Banana

P.T.: 15 minuti

Ingr.: 2 banane mature, 1 tazza di fiocchi d'avena, ½ tazza di gocce di cioccolato fondente, 1 cucchiaino di cannella, 1 pizzico di sale.

Dosi: Per circa 12 biscotti

M. di C.: Forno

Processo: Schiaccia le banane in una ciotola. Aggiungi l'avena, le gocce di cioccolato, la cannella e il sale. Mescola fino ad avere un impasto omogeneo. Forma dei biscotti sulla teglia rivestita di carta forno. Cuoci in forno a 180°C per 10-12 minuti.

N.V.: Ricchi di fibre, senza zuccheri aggiunti e con il gusto dolce naturale delle banane.

Ricetta 2: Barrette Energetiche ai Datteri e Noci

P.T.: 20 minuti (più tempo di raffreddamento)

Ingr.: 1 tazza di datteri denocciolati, ½ tazza di noci, ¼ tazza di semi di chia, ¼ tazza di cacao in polvere, 1 pizzico di sale.

Dosi: Per 8-10 barrette

M. di C.: Nessuna cottura

Processo: Frulla i datteri e le noci in un mixer fino a ottenere un composto appiccicoso. Aggiungi i semi di chia, il cacao e il sale, e mescola bene. Pressa il composto in una teglia foderata e lascia raffreddare in frigo per 1 ora. Taglia in barrette.

N.V.: Un concentrato di energia, fibre e grassi sani.

P.T.: 15 minuti

Ingr.: 1 tazza di mandorle tritate, ½ tazza di cocco grattugiato, ¼ tazza di sciroppo d'acero, 1 cucchiaino di estratto di vaniglia, 1 pizzico di sale.

Dosi: Per circa 15 palline

M. di C.: Nessuna cottura

Processo: Mescola le mandorle, metà del cocco, lo sciroppo d'acero, la vaniglia e il sale. Forma delle palline e rotolale nel cocco rimanente. Conserva in frigo.

N.V.: Ricche di proteine e grassi sani, con un tocco dolce naturale.

P.T.: 20 minuti
Ingr.: 2 mele grattugiate, 2 tazze di farina integrale, ½ tazza di latte vegetale, ¼ tazza di olio di cocco, 1 uovo, 2 cucchiaini di cannella, 1 cucchiaino di lievito per dolci, 1 pizzico di sale.
Dosi: Per 12 muffin
M. di C.: Forno
Processo: Mescola tutti gli ingredienti in una ciotola. Versa l'impasto nei pirottini da muffin. Cuoci in forno a 180°C per 15-18 minuti.
N.V.: Una fonte di fibre e sapore dolce naturale dalle mele.

P.T.: 25 minuti
Ingr.: 3 mele, 2 cucchiaini di cannella in polvere, 1 cucchiaino di zucchero di cocco (opzionale).
Dosi: Variabile
M. di C.: Forno
Processo: Taglia le mele a fette sottili. Disponile su una teglia rivestita di carta forno. Cospargi con cannella e zucchero di cocco. Cuoci in forno a 160°C per 20-25 minuti, girandole a metà cottura.
N.V.: Uno snack a basso contenuto calorico, ricco di fibre e con un tocco dolce speziato.

Spuntini salati nutrienti

P.T.: 15 minuti
Ingr.: 1 tazza di ceci già cotti, 1 rametto di rosmarino fresco, 2 cucchiai di olio extravergine d'oliva, sale grosso, pepe, 4 fette di pane integrale.
Dosi: Per 4 crostini
M. di C.: Forno
Processo: Scalda il forno a 180°C. Schiaccia leggermente i ceci e condiscili con olio, rosmarino tritato, sale e pepe. Distribuiscili sulle fette di pane. Cuoci in forno per 10 minuti fino a doratura.
N.V.: Ricco di proteine vegetali e fibre, con un tocco aromatico del rosmarino.

P.T.: 10 minuti
Ingr.: 2 tazze di edamame (fagioli di soia) già cotti, 1 cucchiaino di olio di sesamo, 1 cucchiaino di fiocchi di peperoncino, sale marino.
Dosi: Per 2-3 persone
M. di C.: Padella
Processo: In una padella, riscalda l'olio di sesamo e aggiungi l'edamame con i fiocchi di peperoncino. Saltali per alcuni minuti. Spolvera con sale marino prima di servire.
N.V.: Una fonte eccellente di proteine vegetali e ferro.

Ricetta 3: Mini Frittate di Verdure al Forno

P.T.: 20 minuti
Ingr.: 6 uova, ½ tazza di latte, 1 zucchina tritata, 1 peperone rosso tritato, ½ cipolla tritata, sale, pepe, olio extravergine d'oliva.
Dosi: Per 12 mini frittate
M. di C.: Forno
Processo: Sbatti le uova con il latte, sale e pepe. Aggiungi le verdure tritate. Versa il composto in una teglia per muffin oliata. Cuoci in forno a 180°C per 15 minuti.
N.V.: Ricche di proteine, vitamine e minerali.

Ricetta 4: Chips di Ceci al Forno

P.T.: 25 minuti
Ingr.: 2 tazze di ceci già cotti, 1 cucchiaio di olio extravergine d'oliva, 1 cucchiaino di paprika affumicata, sale.
Dosi: Per 4 persone
M. di C.: Forno
Processo: Asciuga bene i ceci e condiscili con olio, paprika e sale. Distribuiscili su una teglia rivestita di carta forno. Cuoci in forno a 200°C per 20-25 minuti fino a croccantezza.
N.V.: Un'ottima fonte di proteine e fibre, con un tocco speziato.

Ricetta 5: Olive Marinate Fatte in Casa

P.T.: 15 minuti (più tempo di marinatura)
Ingr.: 2 tazze di olive miste, 3 spicchi d'aglio tritati, 1 cucchiaino di scorza di limone, 1 cucchiaino di rosmarino fresco, peperoncino tritato q.b., olio extravergine d'oliva.
Dosi: Per 4 persone
M. di C.: Nessuna cottura

Processo: In un contenitore, combina le olive con aglio, scorza di limone, rosmarino, peperoncino e copri con olio. Lascia marinare per almeno 4 ore.

N.V.: Ricco di grassi salutari e antiossidanti.

Idee per snack da viaggio

Ricetta 1: Mix di Frutta Secca e Semi

P.T.: 5 minuti

Ingr.: ½ tazza di mandorle, ½ tazza di noci, ¼ tazza di semi di zucca, ¼ tazza di semi di girasole, ¼ tazza di bacche di goji, 2 cucchiai di mirtilli secchi.

Dosi: Per circa 2 tazze di mix

M. di C.: Nessuna cottura

Processo: Unisci tutti gli ingredienti in una ciotola grande e mescola bene. Conserva il mix in un contenitore ermetico o in sacchetti per snack.

N.V.: Un mix ricco di proteine, grassi salutari e antiossidanti, perfetto per uno spuntino energetico.

Ricetta 2: Barrette Energetiche Fai-da-Te

P.T.: 15 minuti (più tempo di raffreddamento)

Ingr.: 1 tazza di fiocchi d'avena, ½ tazza di burro di arachidi, ¼ tazza di miele, ¼ tazza di gocce di cioccolato fondente, 1 cucchiaio di semi di chia, 1 cucchiaio di semi di lino.

Dosi: Per 8-10 barrette

M. di C.: Nessuna cottura

Processo: In un pentolino, scalda burro di arachidi e miele. Mescola l'avena, i semi di chia, i semi di lino e le gocce di cioccolato. Pressa il composto in una teglia foderata e lascia raffreddare in frigo. Taglia in barrette.

N.V.: Ricco di fibre, proteine e grassi sani.

Ricetta 3: Popcorn al Curry e Curcuma

P.T.: 10 minuti

Ingr.: ½ tazza di chicchi di popcorn, 1 cucchiaino di curry in polvere, ½ cucchiaino di curcuma, sale, olio extravergine d'oliva.

Dosi: Per 4 persone

M. di C.: Pentola

Processo: Scoppia i popcorn in una pentola con un filo d'olio. Una volta pronti, cospargili con curry, curcuma e sale.

N.V.: Una fonte di fibre, con un tocco esotico di spezie.

Ricetta 4: Bastoncini di Carote al Sesamo

P.T.: 10 minuti

Ingr.: 4 carote grandi, 2 cucchiai di olio di sesamo, 1 cucchiaio di semi di sesamo, sale.

Dosi: Per 4 persone

M. di C.: Nessuna cottura

Processo: Taglia le carote a bastoncini. In una ciotola, mescola l'olio di sesamo e i semi di sesamo. Tuffa i bastoncini di carota nel mix e cospargili leggermente di sale.

N.V.: Ricco di vitamina A e fibre, con un tocco croccante di sesamo.

Concludendo questo capitolo, ci si può sentire ispirati e pronti ad affrontare la giornata con una nuova raccolta di snack salutari e appetitosi. Queste ricette dimostrano che mangiare bene non richiede necessariamente molto tempo o sforzo. Che si tratti di uno snack veloce a metà mattina, di un pomeriggio energizzante o di qualcosa da gustare durante un viaggio, le opzioni presentate sono sia pratiche sia deliziose. Con una varietà di sapori e ingredienti, questi spuntini sono pensati per essere facilmente integrati in qualsiasi routine, offrendo un modo semplice per mantenere uno stile di vita sano e attivo.

Capitolo 8: Dessert Veloci e Salutari

Concludere un pasto con un tocco dolce è una delle piccole gioie della vita. Questa sezione è dedicata agli amanti dei dessert che cercano opzioni veloci e salutari, senza rinunciare al gusto e alla varietà. Qui si trovano ricette che trasformano ingredienti semplici e nutrienti in delizie dolci, perfette per ogni occasione. Dai dessert al cucchiaio ai biscotti facili, fino ai dolci senza cottura, ogni proposta è una fusione di sapori tradizionali e innovazione, creata per appagare il palato senza sensi di colpa. Queste ricette dimostrano come sia possibile indulgere in un piacere zuccherino mantenendo una dieta equilibrata, offrendo soluzioni dolci che sono sia rapide da preparare sia benefiche per la salute.

Dolci al cucchiaio in pochi minuti

Ricetta 1: Mousse di Avocado e Cacao

P.T.: 10 minuti
Ingr.: 2 avocado maturi, 4 cucchiai di cacao in polvere, 3 cucchiai di sciroppo d'acero, 1 cucchiaino di estratto di vaniglia, 1 pizzico di sale.
Dosi: Per 4 porzioni
M. di C.: Frullatore o mixer
Processo: Frulla gli avocado, il cacao in polvere, lo sciroppo d'acero, l'estratto di vaniglia e il sale fino a ottenere una consistenza liscia e cremosa. Distribuisci la mousse in coppette e lascia raffreddare in frigo per almeno 30 minuti prima di servire.
N.V.: Ricca di grassi salutari e antiossidanti, senza zuccheri raffinati.

Ricetta 2: Crema di Ricotta e Miele con Frutta Fresca

P.T.: 10 minuti
Ingr.: 250 g di ricotta, 3 cucchiai di miele, frutta fresca a scelta (fragole, lamponi, mirtilli), 1 cucchiaino di scorza di limone grattugiata.
Dosi: Per 4 porzioni
M. di C.: Nessuna cottura
Processo: Mescola la ricotta con il miele e la scorza di limone fino ad ottenere una crema liscia. Distribuisci la crema in ciotoline e guarnisci con la frutta fresca.
N.V.: Ricca di proteine, calcio e vitamine dalla frutta.

P.T.: 10 minuti (più tempo di riposo)

Ingr.: ¼ di tazza di semi di chia, 1 tazza di latte di mandorla, 2 cucchiai di sciroppo d'acero, 1 cucchiaino di estratto di vaniglia, frutta fresca per guarnire.

Dosi: Per 2 porzioni

M. di C.: Nessuna cottura

Processo: In una ciotola, mescola i semi di chia con il latte di mandorla, lo sciroppo d'acero e la vaniglia. Lascia riposare per almeno 4 ore o durante la notte in frigo. Servi con frutta fresca.

N.V.: Alto contenuto di fibre, omega-3 e minerali essenziali.

Ricetta 4: Yogurt Greco con Compota di Frutti di Bosco

P.T.: 15 minuti

Ingr.: 500 g di yogurt greco, 2 tazze di frutti di bosco misti, 3 cucchiai di miele, succo di ½ limone.

Dosi: Per 4 porzioni

M. di C.: Pentola

Processo: In una pentola, cuoci i frutti di bosco con il miele e il succo di limone fino a che non si forma una compota. Lascia raffreddare. Servi lo yogurt in coppette con la compota di frutti di bosco sopra.

N.V.: Ricco di proteine e antiossidanti, con un tocco naturale di dolcezza.

Ricetta 5: Coppette di Quinoa Dolce e Mele Caramellate

P.T.: 20 minuti

Ingr.: 1 tazza di quinoa cotta, 2 mele, 2 cucchiai di burro, 2 cucchiai di zucchero di canna, cannella q.b.

Dosi: Per 4 porzioni

M. di C.: Pentola

Processo: Cuoci le mele tagliate a cubetti con burro, zucchero di canna e cannella fino a caramellizzazione. Mescola la quinoa cotta con un pizzico di cannella. Servi la quinoa in coppette con le mele caramellate sopra.

N.V.: Un dessert nutriente ricco di carboidrati complessi e fibre.

Biscotti e dolcetti facili

Ricetta 1: Biscotti di Farro e Mandorle

P.T.: 20 minuti

Ingr.: 1 tazza di farina di farro, ½ tazza di mandorle tritate, ¼ tazza di sciroppo d'acero, ¼ tazza di olio di cocco fuso, 1 cucchiaino di estratto di vaniglia, 1 pizzico di sale.

Dosi: Per circa 15 biscotti

M. di C.: Forno

Processo: Mescola tutti gli ingredienti in una ciotola fino a formare un impasto omogeneo. Forma dei biscotti e disponili su una teglia rivestita di carta forno. Cuoci in forno a 180°C per 10-12 minuti.

N.V.: Ricchi di fibre e grassi salutari, con dolcezza naturale.

P.T.: 20 minuti

Ingr.: 1 tazza di burro di arachidi, ½ tazza di miele, 1 uovo, 1 cucchiaino di bicarbonato di sodio.

Dosi: Per circa 15 biscotti

M. di C.: Forno

Processo: Mescola tutti gli ingredienti fino a ottenere un impasto. Forma dei biscotti e cuoci in forno a 180°C per 10-12 minuti.

N.V.: Ricchi di proteine e grassi salutari.

Ricetta 3: Biscotti di Riso Soffiato e Cioccolato

P.T.: 15 minuti (più tempo di raffreddamento)

Ingr.: 2 tazze di riso soffiato, 200 g di cioccolato fondente, 2 cucchiai di burro di cocco.

Dosi: Per circa 12 biscotti

M. di C.: Nessuna cottura

Processo: Sciogli il cioccolato e il burro di cocco a bagnomaria. Mescola con il riso soffiato. Forma dei biscotti su una teglia e lascia raffreddare in frigo.

N.V.: Un'alternativa croccante con un tocco di dolcezza.

Ricetta 4: Biscotti Vegani al Limone e Semi di Papavero

P.T.: 20 minuti

Ingr.: 1 tazza di farina integrale, ¼ tazza di zucchero di cocco, ¼ tazza di olio d'oliva, succo e scorza di 1 limone, 1 cucchiaio di semi di papavero, 1 cucchiaino di lievito per dolci.

Dosi: Per circa 15 biscotti

M. di C.: Forno

Processo: Mescola la farina, lo zucchero, l'olio, il succo e la scorza di limone, i semi di papavero e il lievito. Forma i biscotti e cuoci in forno a 180°C per 15 minuti.

N.V.: Un dessert leggero e profumato, ricco di antiossidanti e omega-3.

Dessert senza cottura

Ricetta 1: Tartufi al Cocco e Datteri

P.T.: 15 minuti

Ingr.: 1 tazza di datteri denocciolati, ½ tazza di cocco grattugiato, ¼ tazza di mandorle, 1 cucchiaino di estratto di vaniglia, 1 pizzico di sale.

Dosi: Per circa 15 tartufi

M. di C.: Frullatore o robot da cucina

Processo: Frulla i datteri, le mandorle, metà del cocco, la vaniglia e il sale fino a ottenere un composto omogeneo. Forma dei tartufi con le mani e rotolali nel cocco grattugiato rimanente. Conserva in frigo.

N.V.: Ricchi di fibre e grassi sani, un dolce naturale senza zuccheri aggiunti.

Ricetta 2: Cheesecake ai Frutti di Bosco Senza Cottura

P.T.: 20 minuti (più tempo di raffreddamento)

Ingr.: 1 tazza di biscotti integrali tritati, ½ tazza di burro di cocco fuso, 2 tazze di formaggio cremoso light, ½ tazza di sciroppo d'acero, succo di 1 limone, frutti di bosco freschi per guarnire.

Dosi: Per 1 cheesecake da 8 porzioni

M. di C.: Nessuna cottura

Processo: Mescola i biscotti tritati con il burro di cocco e pressa il composto sul fondo di una tortiera. Frulla il formaggio cremoso con lo sciroppo d'acero e il succo di limone. Versa sulla base di biscotti e lascia raffreddare in frigo. Guarnisci con frutti di bosco.

N.V.: Un dessert leggero con una base integrale e frutta fresca.

Ricetta 3: Mousse di Mango e Yogurt

P.T.: 10 minuti

Ingr.: 2 manghi maturi, 1 tazza di yogurt greco, 2 cucchiai di miele, 1 cucchiaino di estratto di vaniglia.

Dosi: Per 4 porzioni

M. di C.: Frullatore

Processo: Frulla il mango fino a ottenere una purea liscia. Mescola la purea di mango con lo yogurt, il miele e la vaniglia. Distribuisci in coppette e lascia raffreddare in frigo.

N.V.: Ricco di vitamina C e probiotici, con dolcezza naturale dal mango.

Ricetta 4: Pudding di Cioccolato e Avocado

P.T.: 10 minuti

Ingr.: 2 avocado maturi, 4 cucchiai di cacao in polvere, 3 cucchiai di sciroppo d'acero, 1 cucchiaino di estratto di vaniglia, 1 pizzico di sale.

Dosi: Per 4 porzioni

M. di C.: Frullatore

Processo: Frulla gli avocado, il cacao in polvere, lo sciroppo d'acero, la vaniglia e il sale fino a ottenere una consistenza liscia e cremosa. Servi in coppette, eventualmente con una spolverata di cacao in polvere.

N.V.: Un dessert cremoso e ricco di grassi salutari, senza zuccheri raffinati.

Esplorare questo capitolo è come fare un viaggio attraverso un paradiso di dolci salutari e facili da preparare. Dalle mousse cremose ai biscotti croccanti, ogni ricetta offre un'esperienza gustativa unica, mostrando che il mondo dei dessert può essere tanto salutare quanto delizioso. Queste creazioni culinarie sono la prova che i dessert possono essere parte di uno stile di vita sano e attivo, senza sacrificare il gusto o la qualità. Con ingredienti semplici e procedimenti veloci, queste ricette sono un invito a sperimentare e a godere dei piaceri della dolcezza in modo consapevole e soddisfacente.

Capitolo 9: Bevande e Cocktail

La magia di una buona bevanda va oltre la semplice sete. In queste pagine, si scopre un'arte culinaria che combina ingredienti nutrienti e sapori vivaci, creando bevande e cocktail salutari per ogni momento della giornata. Dalle ricette di succhi e frullati pieni di energia, ai cocktail e mocktail che aggiungono un tocco di festa, fino alle tisane e infusi rilassanti che coccolano l'anima, ogni ricetta è un inno al benessere e al gusto. Queste bevande sono pensate non solo per dissetare ma anche per nutrire il corpo e lo spirito, offrendo un'alternativa salutare e deliziosa alle bevande tradizionali. Si tratta di un viaggio attraverso sapori e culture diverse, un'avventura culinaria che risveglia i sensi e nutre il corpo.

Salutari Succhi e frullati dissetanti

Ricetta 1: Frullato Verde Energizzante

P.T.: 5 minuti

Ingr.: 1 mela verde, 1 banana, 1 manciata di spinaci, ½ cetriolo, succo di 1 limone, 1 pezzetto di zenzero, 200 ml di acqua di cocco.

Dosi: Per 2 persone

M. di C.: Frullatore

Processo: Taglia la mela, la banana e il cetriolo a pezzi. Metti tutti gli ingredienti nel frullatore, aggiungendo lo zenzero grattugiato e il succo di limone. Frulla fino ad ottenere una consistenza liscia. Servi fresco.

N.V.: Ricco di vitamine, minerali e antiossidanti, ideale per un boost di energia.

Ricetta 2: Frullato di Bacche e Yogurt

P.T.: 5 minuti

Ingr.: 1 tazza di bacche miste (fragole, mirtilli, lamponi), 1 banana, 200 ml di yogurt greco, 1 cucchiaio di miele, ghiaccio q.b.

Dosi: Per 2 persone

M. di C.: Frullatore

Processo: Unisci le bacche, la banana, lo yogurt e il miele nel frullatore. Aggiungi il ghiaccio e frulla fino ad ottenere una consistenza cremosa. Servi immediatamente.

N.V.: Alto contenuto di antiossidanti, calcio e proteine.

Ricetta 3: Frullato Tropicale di Ananas e Mango

P.T.: 5 minuti

Ingr.: ½ ananas, 1 mango, succo di ½ arancia, 200 ml di latte di cocco, ghiaccio q.b.

Dosi: Per 2 persone

M. di C.: Frullatore

Processo: Taglia l'ananas e il mango a pezzi. Metti la frutta nel frullatore con il succo di arancia e il latte di cocco. Aggiungi il ghiaccio e frulla fino a che non diventa cremoso.

N.V.: Ricco di vitamina C e A, perfetto per una sferzata di energia tropicale.

P.T.: 5 minuti

Ingr.: 3 kiwi, 1 mela verde, succo di ½ lime, 200 ml di acqua frizzante, foglie di menta fresca, ghiaccio q.b.

Dosi: Per 2 persone

M. di C.: Frullatore

Processo: Sbuccia i kiwi e taglia la mela. Frulla la frutta con il succo di lime, acqua frizzante e ghiaccio. Decora con foglie di menta.

N.V.: Una bevanda rinfrescante, ricca di vitamine e minerali.

P.T.: 5 minuti

Ingr.: 2 pesche mature, 1 pezzetto di zenzero fresco, 200 ml di latte di mandorla, 1 cucchiaino di miele, ghiaccio q.b.

Dosi: Per 2 persone

M. di C.: Frullatore

Processo: Taglia le pesche a pezzi e mettile nel frullatore con lo zenzero grattugiato, il latte di mandorla e il miele. Aggiungi il ghiaccio e frulla fino a ottenere una consistenza liscia e omogenea.

N.V.: Un frullato dolce e speziato, ideale per una pausa rinfrescante.

Cocktail e mocktail salutari

P.T.: 5 minuti

Ingr.: Succo di 2 mele verdi, 1 pezzetto di zenzero fresco, succo di ½ limone, acqua frizzante, foglie di menta, ghiaccio.

Dosi: Per 2 bicchieri

M. di C.: Shaker o miscelatore

Processo: Frulla il succo di mela con lo zenzero e il succo di limone. Filtra il composto. Versa in shaker con ghiaccio, agita bene. Servi in bicchieri riempiti di ghiaccio, completando con acqua frizzante. Decora con foglie di menta.

N.V.: Ricco di vitamina C e antiossidanti, effetto detox e rinfrescante.

P.T.: 10 minuti

Ingr.: 2 tazze di anguria a cubetti, 1 manciata di foglie di basilico, succo di 1 lime, acqua frizzante, ghiaccio.

Dosi: Per 2 bicchieri

M. di C.: Frullatore e shaker

Processo: Frulla l'anguria con il basilico e il succo di lime. Filtra il composto. Versa in shaker con ghiaccio, agita. Servi in bicchieri con ghiaccio, completando con acqua frizzante.

N.V.: Idratante, ricco di vitamina C e antiossidanti.

Ricetta 3: Mocktail di Cetriolo e Menta

P.T.: 5 minuti

Ingr.: 1 cetriolo, 1 manciata di foglie di menta, succo di 2 lime, sciroppo d'acero q.b., acqua frizzante, ghiaccio.

Dosi: Per 2 bicchieri

M. di C.: Frullatore e shaker

Processo: Frulla il cetriolo con le foglie di menta e il succo di lime. Aggiungi un tocco di sciroppo d'acero. Versa in shaker con ghiaccio, agita. Servi in bicchieri con ghiaccio, completando con acqua frizzante.

N.V.: Dissetante, ricco di vitamine e minerali.

Ricetta 4: Virgin Mojito ai Frutti Rossi

P.T.: 5 minuti

Ingr.: 1 tazza di frutti rossi misti (lamponi, mirtilli, fragole), 1 manciata di foglie di menta, succo di 2 lime, sciroppo d'acero q.b., acqua frizzante, ghiaccio.

Dosi: Per 2 bicchieri

M. di C.: Mortaio e shaker

Processo: Pesta leggermente i frutti rossi e la menta in un mortaio. Aggiungi il succo di lime e un tocco di sciroppo d'acero. Versa in shaker con ghiaccio, agita. Servi in bicchieri con ghiaccio, completando con acqua frizzante.

N.V.: Antiossidante, ricco di vitamine.

Ricetta 5: Spritz di Arancia e Rosmarino

P.T.: 5 minuti

Ingr.: Succo di 2 arance rosse, 1 rametto di rosmarino, acqua frizzante, ghiaccio.

Dosi: Per 2 bicchieri

M. di C.: Shaker

Processo: In un shaker, unisci il succo di arancia e un rametto di rosmarino leggermente pestato. Aggiungi ghiaccio e agita bene. Servi in bicchieri con ghiaccio, completando con acqua frizzante.

N.V.: Ricco di vitamina C, con un tocco aromatico.

Tisane e infusi rilassanti

Ricetta 1: Infuso di Camomilla e Lavanda

P.T.: 10 minuti

Ingr.: 2 cucchiaini di fiori di camomilla, 1 cucchiaino di fiori di lavanda, 250 ml di acqua bollente.

Dosi: Per 1 tazza

M. di C.: Bollitore

Processo: Metti la camomilla e la lavanda in un infusore o direttamente in una tazza. Versa sopra l'acqua bollente. Lascia in infusione per 7-10 minuti. Filtra prima di bere se necessario.

N.V.: Calmante e rilassante, ideale per alleviare lo stress e favorire il sonno.

Ricetta 2: Tisana Zenzero e Limone

P.T.: 10 minuti

Ingr.: 1 pezzetto di zenzero fresco, succo di ½ limone, 1 cucchiaino di miele, 250 ml di acqua bollente.

Dosi: Per 1 tazza

M. di C.: Bollitore

Processo: Taglia lo zenzero a fettine sottili. Mettile in una tazza con il succo di limone e il miele. Versa l'acqua bollente. Lascia in infusione per 5-10 minuti.

N.V.: Stimola la digestione e rinforza il sistema immunitario.

Ricetta 3: Infuso di Menta e Melissa

P.T.: 10 minuti

Ingr.: 1 manciata di foglie di menta fresca, 1 cucchiaino di foglie di melissa, 250 ml di acqua bollente.

Dosi: Per 1 tazza

M. di C.: Bollitore

Processo: Unisci la menta e la melissa in un infusore o direttamente in una tazza. Aggiungi l'acqua bollente. Lascia in infusione per 5-7 minuti. Filtra prima di bere.

N.V.: Rinfrescante e calmante, utile per ridurre l'ansia e migliorare la digestione.

Ricetta 4: Infuso di Finocchio e Anice Stellato

P.T.: 10 minuti
Ingr.: 1 cucchiaino di semi di finocchio, 1 stella di anice, 250 ml di acqua bollente.
Dosi: Per 1 tazza
M. di C.: Bollitore
Processo: Metti i semi di finocchio e l'anice stellato in un infusore o direttamente in una tazza.
Versa l'acqua bollente. Lascia in infusione per 7-10 minuti. Filtra prima di bere.
N.V.: Ottimo per la digestione e per un effetto calmante sul sistema gastrointestinale.

Ricetta 5: Tisana di Rosa Canina e Ibisco

P.T.: 10 minuti
Ingr.: 2 cucchiaini di rosa canina, 1 cucchiaino di fiori di ibisco, 250 ml di acqua bollente.
Dosi: Per 1 tazza
M. di C.: Bollitore
Processo: Unisci la rosa canina e l'ibisco in un infusore o direttamente in una tazza. Aggiungi l'acqua bollente. Lascia in infusione per 7-10 minuti. Filtra prima di bere.
N.V.: Ricca di vitamina C e antiossidanti, ideale per rafforzare il sistema immunitario e per un effetto detox.

Attraverso questo capitolo, si è viaggiato in un mondo di bevande che deliziano il palato e nutrono il corpo. Ogni sorso è un passo verso un'esperienza di benessere, con ricette che spaziano dai frullati energizzanti ai cocktail ricchi di sapori, fino ai calmanti infusi di erbe. Queste bevande sono molto più che semplici rinfreschi: sono un modo per prendersi cura di sé, celebrando la salute e il gusto con ogni bicchiere. La semplicità delle ricette e la ricchezza dei loro benefici sottolineano che prendersi cura della propria salute può essere un atto quotidiano, pieno di gusto e piacere.

Capitolo 10: Ricette Internazionali in 10 Minuti

Esplorare le cucine del mondo non è mai stato così semplice e veloce. Queste pagine sono un invito a un viaggio culinario internazionale, dove tradizione e velocità si incontrano per deliziare chiunque abbia un palato curioso ma poco tempo a disposizione. Le ricette presentate qui sono un mix vibrante di sapori asiatici, mediterranei e latini, tutte realizzabili in soli 10 minuti. Dimostreremo che è possibile gustare l'autenticità e la ricchezza dei piatti di tutto il mondo senza spendere ore in cucina. Ogni ricetta è una finestra aperta su culture diverse, offrendo un modo veloce e gustoso per viaggiare attraverso i sapori senza uscire dalla propria cucina.

Sapori asiatici rapidi

Ricetta 1: Pad Thai Veloce

P.T.: 10 minuti
Ingr.: 200 g di noodles di riso, 1 carota, 1 zucchina, 100 g di germogli di soia, 1 uovo, 2 cucchiai di salsa di soia, 1 cucchiaio di salsa di tamarindo, 1 cucchiaio di zucchero di canna, olio di arachidi, arachidi tritate, coriandolo fresco, lime.
Dosi: Per 2 persone
M. di C.: Padella
Processo: Cuoci i noodles secondo le istruzioni. Soffriggi carota e zucchina tagliate a julienne in olio di arachidi. Aggiungi i noodles e i germogli di soia. Sbatti l'uovo e versalo nel pad wok. Mescola in salsa di soia, tamarindo e zucchero di canna. Guarnisci con arachidi, coriandolo e lime.
N.V.: Ricco di carboidrati, proteine e vitamine.

Ricetta 2: Sushi Bowl Veloce

P.T.: 10 minuti
Ingr.: 200 g di riso per sushi già cotto, 1 avocado, 100 g di salmone affumicato, 1 cetriolo, salsa di soia, wasabi, alga nori a strisce, semi di sesamo.
Dosi: Per 2 persone
M. di C.: Nessuna cottura
Processo: Disponi il riso in ciotole. Aggiungi sopra avocado e cetriolo tagliati a fette, salmone affumicato. Condisci con salsa di soia e wasabi a piacere. Decora con alga nori e semi di sesamo.

N.V.: Ricco di Omega-3, proteine e grassi sani.

Ricetta 3: Zuppa di Miso Express

P.T.: 10 minuti
Ingr.: 2 cucchiai di pasta di miso, 500 ml di brodo vegetale, 1 cipollotto, 100 g di tofu, alga wakame, cipollina tritata.
Dosi: Per 2 persone
M. di C.: Pentola

Processo: Porta a ebollizione il brodo. Riduci il fuoco e aggiungi il miso, mescolando fino a scioglierlo. Aggiungi cipollotto, tofu a cubetti e alga wakame. Cuoci per 2-3 minuti. Servi con cipollina tritata.

N.V.: Ricca di proteine, probiotici e minerali.

Piatti mediterranei in un lampo

Ricetta 1: Bruschette al Pomodoro e Basilico

P.T.: 10 minuti

Ingr.: 4 fette di pane rustico, 2 pomodori maturi, 1 spicchio d'aglio, basilico fresco, olio extravergine d'oliva, sale, pepe.

Dosi: Per 4 bruschette

M. di C.: Griglia o tostapane

Processo: Tosta le fette di pane fino a che non diventano croccanti. Sfrega lo spicchio d'aglio sul pane tostato. Taglia i pomodori a cubetti e condiscili con olio, sale e basilico. Distribuisci il pomodoro sul pane.

N.V.: Ricca di antiossidanti e grassi salutari.

Ricetta 2: Insalata Greca Veloce

P.T.: 10 minuti

Ingr.: 1 cetriolo, 2 pomodori, 1 peperone verde, 1 cipolla rossa, 100 g di feta, olive Kalamata, olio extravergine d'oliva, aceto di vino rosso, origano, sale, pepe.

Dosi: Per 2 persone

M. di C.: Nessuna cottura

Processo: Taglia cetriolo, pomodori, peperone e cipolla a pezzi. Mescola in una ciotola con olive e feta sbriciolata. Condisci con olio, aceto, origano, sale e pepe.

N.V.: Ricca di vitamine, minerali e grassi sani.

Ricetta 3: Pasta all'Aglio, Olio e Peperoncino

P.T.: 10 minuti

Ingr.: 200 g di spaghetti, 3 spicchi d'aglio, peperoncino a piacere, olio extravergine d'oliva, prezzemolo tritato, sale.

Dosi: Per 2 persone

M. di C.: Pentola

Processo: Cuoci la pasta in acqua salata. Soffriggi l'aglio tritato e il peperoncino in olio. Scola la pasta e saltala nel condimento. Guarnisci con prezzemolo.

N.V.: Semplice e nutriente, con un tocco piccante.

<hr>

Ricetta 4: Couscous con Verdure Grigliate

P.T.: 10 minuti
Ingr.: 200 g di couscous, 1 zucchina, 1 peperone rosso, olio extravergine d'oliva, succo di limone, sale, pepe, menta fresca.
Dosi: Per 2 persone
M. di C.: Griglia e bollitore
Processo: Prepara il couscous secondo le istruzioni. Griglia zucchina e peperone a strisce. Mescola verdure grigliate e couscous. Condisci con olio, limone, sale, pepe e menta.
N.V.: Ricco di fibre e vitamine.

Gusto latino in pochi minuti

Ricetta 1: Tacos di Pollo alla Griglia

P.T.: 10 minuti
Ingr.: 2 petti di pollo, 4 tortillas di mais, 1 avocado, 1 pomodoro, succo di 1 lime, coriandolo fresco, sale, pepe, olio extravergine d'oliva.
Dosi: Per 4 tacos
M. di C.: Griglia o padella
Processo: Condisci i petti di pollo con sale, pepe e un filo d'olio, quindi grigliali fino a cottura. Taglia il pollo a strisce. Scalda le tortillas. Prepara una salsa con avocado, pomodoro, coriandolo e lime. Farcisci le tortillas con il pollo e la salsa.
N.V.: Ricco di proteine, grassi salutari e vitamina C.

Ricetta 2: Quesadillas di Fagioli Neri

P.T.: 10 minuti
Ingr.: 4 tortillas di farina, 1 tazza di fagioli neri cotti, 1 tazza di formaggio cheddar grattugiato, 1 peperoncino verde, olio per ungere.
Dosi: Per 4 quesadillas
M. di C.: Padella
Processo: Spalma i fagioli neri su metà di ogni tortilla. Aggiungi formaggio grattugiato e peperoncino a fettine. Piegale a metà. Cuoci in padella unta fino a che il formaggio si fonde e le tortillas sono dorate.
N.V.: Buona fonte di fibre e proteine vegetali.

Ricetta 3: Ceviche di Pesce Veloce

P.T.: 10 minuti

Ingr.: 200 g di filetti di pesce bianco, succo di 2 lime, 1 cipolla rossa, 1 avocado, coriandolo fresco, sale, pepe.

Dosi: Per 2 persone

M. di C.: Nessuna cottura

Processo: Taglia il pesce a cubetti piccoli. Mescola con succo di lime, cipolla affettata sottile, avocado a cubetti e coriandolo tritato. Condisci con sale e pepe. Lascia marinare per 5 minuti.

N.V.: Ricco di proteine e acidi grassi omega-3.

Ricetta 4: Empanadas di Pollo Rapide

P.T.: 10 minuti

Ingr.: 4 dischi di pasta per empanadas, 200 g di pollo cotto e sminuzzato, salsa di pomodoro, 1 uovo per spennellare, olio per friggere.

Dosi: Per 4 empanadas

M. di C.: Frittura

Processo: Farcisci ogni disco di pasta con pollo e un cucchiaio di salsa. Piegali a mezzaluna e sigilla i bordi. Spennella con uovo battuto. Friggi in olio caldo fino a doratura.

N.V.: Fonte di proteine e carboidrati.

Ricetta 5: Arepas con Formaggio

P.T.: 10 minuti

Ingr.: 1 tazza di farina di mais precotta (masarepa), 1½ tazze di acqua calda, ½ cucchiaino di sale, 200 g di formaggio mozzarella, olio per ungere.

Dosi: Per 4-6 arepas

M. di C.: Padella

Processo: Mescola farina di mais, acqua e sale per formare un impasto. Dividi in palline e appiattiscile in dischi. Cuoci in padella unta fino a che non si formano una crosticina dorata su entrambi i lati. Farcisci con mozzarella e lascia sciogliere.

N.V.: Buona fonte di carboidrati e calcio.

Questo viaggio culinario veloce attraverso diverse culture si conclude, lasciando un ricordo delizioso e la consapevolezza che la cucina internazionale può essere semplice e accessibile. Le ricette fornite sono state una celebrazione della diversità culinaria globale, dimostrando che piatti ricchi di storia e sapore possono essere creati in tempi sorprendentemente brevi. Ogni piatto è un piccolo viaggio gastronomico, un'occasione per sperimentare e godere della varietà del mondo culinario. Queste ricette veloci sono la prova che, anche nei momenti più frenetici, è possibile godere di pasti squisiti e ricchi di cultura.

Capitolo 11: Ricette per Occasioni Speciali

Le occasioni speciali richiedono piatti che lasciano un'impressione duratura, sia per il loro gusto squisito che per la loro presentazione. In queste pagine, si svelano segreti culinari che trasformano ingredienti semplici in creazioni straordinarie, perfette per celebrare momenti importanti. Dalle cene veloci ma sofisticate, ideali per una serata romantica, alle ricette festose per grandi celebrazioni, ogni piatto è progettato per incantare i sensi e arricchire l'esperienza. Si scopriranno ricette che catturano l'essenza di varie festività e occasioni, offrendo il piacere di un pasto gourmet senza richiedere ore di preparazione.

Idee per cene veloci e impressionanti

Ricetta 1: Filetto di Salmone al Forno con Salsa di Agrumi

P.T.: 20 minuti

Ingr.: 2 filetti di salmone, 1 arancia, 1 limone, 1 lime, olio extravergine d'oliva, sale, pepe, erba cipollina tritata.

Dosi: Per 2 persone

M. di C.: Forno

Processo: Preriscalda il forno a 200°C. Condisci i filetti di salmone con sale, pepe e olio. Spremi il succo di arancia, limone e lime. Versa il succo sugli filetti. Cuoci in forno per 12-15 minuti. Guarnisci con erba cipollina.

N.V.: Ricco di Omega-3 e vitamina C.

Ricetta 2: Risotto ai Funghi Porcini e Tartufo

P.T.: 20 minuti

Ingr.: 200 g di riso Arborio, 50 g di funghi porcini secchi, 1 piccolo tartufo, 1 litro di brodo vegetale, 1 cipolla, 50 g di burro, 50 g di Parmigiano Reggiano, sale, pepe.

Dosi: Per 2 persone

M. di C.: Pentola

Processo: Ammolla i funghi in acqua calda. Soffriggi la cipolla tritata in burro. Aggiungi il riso e tostalo. Aggiungi i funghi e il brodo gradualmente, cuocendo per 18 minuti. Manteca con Parmigiano e burro. Servi con tartufo grattugiato.

N.V.: Ricco di carboidrati e proteine.

Ricetta 3: Carpaccio di Manzo con Rucola e Parmigiano

P.T.: 10 minuti

Ingr.: 200 g di carpaccio di manzo, rucola, scaglie di Parmigiano Reggiano, olio extravergine d'oliva, limone, sale, pepe.

Dosi: Per 2 persone

M. di C.: Nessuna cottura

Processo: Disponi il carpaccio su un piatto. Condisci con olio, succo di limone, sale e pepe. Aggiungi rucola e scaglie di Parmigiano.

N.V.: Fonte di proteine e grassi salutari.

Ricetta 4: Gamberi all'Aglio e Peperoncino su Letto di Couscous

P.T.: 15 minuti

Ingr.: 200 g di gamberi sgusciati, 2 spicchi d'aglio, peperoncino a piacere, 200 g di couscous, olio extravergine d'oliva, prezzemolo tritato, sale, pepe.

Dosi: Per 2 persone

M. di C.: Padella e bollitore

Processo: Prepara il couscous come indicato sulla confezione. Soffriggi aglio e peperoncino in olio, aggiungi i gamberi, cuoci per 5 minuti. Servi i gamberi sul couscous, spolvera con prezzemolo.

N.V.: Ricco di proteine e carboidrati.

Ricetta 5: Polenta Cremosa con Ragù di Funghi

P.T.: 20 minuti

Ingr.: 200 g di polenta istantanea, 300 g di funghi misti, 1 cipolla, 50 g di burro, 50 g di Parmigiano Reggiano, sale, pepe, olio extravergine d'oliva.

Dosi: Per 2 persone

M. di C.: Pentola e padella

Processo: Prepara la polenta secondo le istruzioni. Soffriggi la cipolla tritata e i funghi in olio e burro. Cuoci fino a doratura. Servi la polenta con il ragù di funghi e manteca con Parmigiano.

N.V.: Ricca di fibre, vitamine e minerali.

Ricette per festività e celebrazioni

Ricetta 1: Arrosto di Tacchino con Ripieno alle Erbe

P.T.: 20 minuti (più tempo di cottura)

Ingr.: 1 piccolo tacchino disossato, 200 g di pane raffermo, 100 g di salsiccia, 1 cipolla, 2 spicchi d'aglio, rosmarino, salvia, timo, 100 ml di brodo di pollo, olio extravergine d'oliva, sale, pepe.

Dosi: Per 4-6 persone

M. di C.: Forno

Processo: Prepara il ripieno soffriggendo cipolla e aglio tritati, aggiungi salsiccia sbriciolata, pane a cubetti, erbe tritate e brodo. Condisci il tacchino con sale, pepe e olio, poi riempi con il ripieno. Arrosta in forno a 180°C per 1 ora e 30 minuti.

N.V.: Ricco di proteine e carboidrati.

P.T.: 20 minuti (più tempo di cottura)

Ingr.: 200 g di funghi porcini, 250 g di lasagne all'uovo, 50 g di burro, 50 g di farina, 500 ml di latte, noce moscata, Parmigiano Reggiano, sale, pepe.

Dosi: Per 4 persone

M. di C.: Forno

Processo: Prepara la besciamella sciogliendo il burro, aggiungi farina e latte gradualmente. Aggiungi noce moscata, sale e pepe. Soffriggi i funghi tritati. Alterna strati di lasagne, funghi, besciamella e Parmigiano in una teglia. Cuoci in forno a 180°C per 40 minuti.

N.V.: Fonte di carboidrati, proteine e calcio.

Ricetta 3: Polpettone Ripieno di Spinaci e Ricotta

P.T.: 20 minuti

Ingr.: 500 g di carne macinata, 200 g di spinaci, 200 g di ricotta, 1 uovo, pangrattato, noce moscata, sale, pepe.

Dosi: Per 4 persone

M. di C.: Forno

Processo: Mescola la carne con uovo, sale, pepe e pangrattato. Stendi la carne e farciscila con uno strato di spinaci saltati e ricotta. Arrotola e cuoci in forno a 180°C per 45 minuti.

N.V.: Ricco di proteine, ferro e calcio.

Ricetta 4: Risotto allo Zafferano e Champagne

P.T.: 20 minuti

Ingr.: 200 g di riso Arborio, 1 bustina di zafferano, 500 ml di brodo vegetale, 1 bicchiere di Champagne, 1 cipolla, 50 g di burro, Parmigiano Reggiano, sale, pepe.

Dosi: Per 2 persone

M. di C.: Pentola

Processo: Soffriggi la cipolla tritata in burro, aggiungi il riso. Tosta e sfuma con Champagne. Aggiungi zafferano e brodo gradualmente. Manteca con Parmigiano.

N.V.: Ricco di carboidrati, con proprietà antiossidanti dello zafferano.

Ricetta 5: Tronchetto di Natale al Cioccolato

P.T.: 20 minuti (più tempo di raffreddamento)
Ingr.: 4 uova, 100 g di zucchero, 100 g di farina, 30 g di cacao in polvere, 200 g di cioccolato fondente, 200 ml di panna fresca, zucchero a velo.
Dosi: Per 6-8 persone
M. di C.: Forno
Processo: Sbatti le uova con lo zucchero, aggiungi farina e cacao. Stendi l'impasto su una teglia e cuoci a 180°C per 10 minuti. Arrotola il pan di Spagna. Sciogli il cioccolato, mescola con panna montata. Farcisci e ricopri il rotolo. Decora a piacere.
N.V.: Ricco di carboidrati e grassi.

Piatti speciali per date important

Ricetta 1: Filetto di Manzo in Salsa di Vino Rosso

P.T.: 20 minuti
Ingr.: 2 filetti di manzo, 200 ml di vino rosso, 2 spicchi d'aglio, 1 rametto di rosmarino, 50 g di burro, sale, pepe nero.
Dosi: Per 2 persone
M. di C.: Padella
Processo: Condisci i filetti con sale e pepe. In una padella, cuoci i filetti con burro, aglio e rosmarino fino alla cottura desiderata. Rimuovi la carne e aggiungi il vino rosso nella padella. Riduci la salsa. Versa la salsa sui filetti.
N.V.: Ricco di proteine, ferro.

Ricetta 2: Risotto al Tartufo e Prosecco

P.T.: 20 minuti
Ingr.: 200 g di riso Carnaroli, 100 ml di Prosecco, 1 tartufo nero, 1 litro di brodo vegetale, 1 cipolla piccola, 50 g di burro, Parmigiano Reggiano, sale.
Dosi: Per 2 persone
M. di C.: Pentola
Processo: Soffriggi la cipolla tritata in metà del burro. Aggiungi il riso, tostalo e sfuma con il Prosecco. Aggiungi gradualmente il brodo. Prima di servire, manteca con burro, Parmigiano e tartufo grattugiato.
N.V.: Fonte di carboidrati complessi, calcio.

P.T.: 20 minuti
Ingr.: 6 capesante, 2 porri, 50 g di Parmigiano Reggiano, 100 ml di panna, sale, pepe, burro.
Dosi: Per 2 persone
M. di C.: Forno
Processo: Taglia i porri e soffriggili in burro. Disponi le capesante in conchiglie o in una teglia. Aggiungi i porri, la panna, il Parmigiano. Gratina in forno a 200°C per 10 minuti.
N.V.: Ricco di proteine, calcio.

P.T.: 20 minuti (più tempo di raffreddamento)
Ingr.: 200 g di cioccolato fondente, 3 uova, 50 g di zucchero, 200 g di lamponi, 1 cucchiaio di zucchero a velo.
Dosi: Per 4 persone
M. di C.: Frusta elettrica, frullatore
Processo: Sciogli il cioccolato a bagnomaria. Monta i tuorli con lo zucchero, aggiungi il cioccolato. Monta gli albumi a neve e incorporali delicatamente. Frulla i lamponi con lo zucchero a velo. Servi la mousse con il coulis.
N.V.: Ricco di antiossidanti dal cioccolato e vitamine dai lamponi.

Questo capitolo chiude un percorso culinario che ha celebrato occasioni speciali attraverso la lente della gastronomia. Ogni ricetta è stata una scoperta, un'avventura che ha trasformato ingredienti ordinari in straordinari festeggiamenti del gusto. Si è dimostrato che con un pizzico di creatività e l'uso sapiente di sapori, anche i piatti preparati rapidamente possono diventare il fulcro di una celebrazione memorabile. Concludendo, si spera che queste ricette ispirino momenti di gioia e condivisione, rendendo ogni occasione speciale un'esperienza culinaria indimenticabile.

Capitolo 12: Piano Alimentare di 60 Giorni

Intraprendere un percorso di sessanta giorni per trasformare le abitudini alimentari è un'impresa che va oltre la semplice scelta degli alimenti. Questa esplorazione culinaria è un viaggio unico, un'opportunità per riscoprire il proprio rapporto con il cibo e imparare a nutrirsi in modo più consapevole e soddisfacente. Questa guida è stata progettata per accompagnare passo dopo passo, fornendo strumenti e consigli per creare un piano alimentare personalizzato che si adatti alle esigenze individuali. Dall'organizzazione dei pasti all'importanza di rimanere motivati, fino all'adattamento del piano alle specifiche esigenze personali, ogni aspetto è trattato con cura e attenzione, rendendo questo percorso non solo un mezzo per raggiungere obiettivi di salute, ma anche un viaggio di scoperta personale.

Piano Alimentare: Settimana 1

Giorno	Colazione	Pranzo	Cena	Snack
1	Smoothie Tropicale Energizzante	Insalata Mediterranea di Quinoa e Feta	Zuppa di Lenticchie Rosse e Carote	Biscotti all'Avena e Banana
2	Frittata Veloce alle Erbe	Wrap Mediterraneo con Hummus e Verdure	Risotto al Limone e Asparagi	Barrette Energetiche ai Datteri e Noci
3	Pancake Proteico al Banana e Cacao	Insalata Croccante di Cavolo Rosso e Carote	Salmone Agrodolce in Padella	Palline di Cocco e Mandorle
4	Smoothie Verde Rivitalizzante	Insalata di Pollo alla Senape e Miele	Pollo al Curry con Riso Basmati	Muffin di Mele e Cannella
5	Frullato di Bacche e Avena	Panino al Salmone Affumicato e Avocado	Filetto di Maiale al Rosmarino	Chips di Mela al Forno con Cannella
6	Yogurt Greco con Miele e Noci	Insalata di Farro con Pomodori Secchi e Rucola	Curry di Ceci e Spinaci	Crostini di Ceci al Rosmarino
7	Porridge di Avena e Mela Caramellata	Panino con Tacchino e Cheddar	Pasta con Pesto di Avocado e Pomodorini	Edamame Speziati

Piano Alimentare: Settimana 2

Giorno	Colazione	Pranzo	Cena	Snack

Giorno	Colazione	Pranzo	Cena	Snack
8	Toast di Ricotta e Fragole	Wrap di Pollo al Curry con Insalata Croccante	Frittata di Patate e Cipolle	Barrette Energetiche Fai-da-Te
9	Frullato Proteico all'Arancia e Cannella	Panino con Tacchino e Cheddar	Curry di Ceci e Spinaci	Chips di Ceci al Forno
10	Muffin Salati di Spinaci e Feta	Insalata di Farro con Pomodori Secchi e Rucola	Salmone al Forno con Spinaci e Limone	Olive Marinate Fatte in Casa
11	Frullato di Kiwi e Menta Fresca	Insalata Croccante di Cavolo Rosso e Carote	Tofu Saltato con Verdure e Salsa di Soia	Mix di Frutta Secca e Semi
12	Omelette di Albume con Verdure	Panino al Salmone Affumicato e Avocado	Risotto ai Funghi e Asparagi	Popcorn al Curry e Curcuma
13	Porridge di Avena e Mela Caramellata	Insalata di Ceci Speziati e Spinaci	Minestrone Veloce di Verdure	Bastoncini di Carote al Sesamo
14	Smoothie Verde Rivitalizzante	Insalata Mediterranea di Quinoa e Feta	Stufato di Pollo e Verdure	Palline di Cocco e Mandorle

Piano Alimentare: Settimana 3

Giorno	Colazione	Pranzo	Cena	Snack
15	Smoothie Tropicale Energizzante	Wrap Mediterraneo con Hummus e Verdure	Zuppa di Orzo e Funghi	Mousse di Avocado e Cacao
16	Frittata Veloce alle Erbe	Insalata di Pollo alla Senape e Miele	Salmone Agrodolce in Padella	Biscotti di Farro e Mandorle
17	Pancake Proteico al Banana e Cacao	Panino Vegetariano con Hummus e Verdure Grigliate	Petto di Pollo con Crema di Funghi	Crema di Ricotta e Miele con Frutta Fresca
18	Smoothie Verde Rivitalizzante	Insalata di Farro con Pomodori Secchi e Rucola	Pollo al Curry con Riso Basmati	Budino di Chia al Latte di Mandorla e Vaniglia
19	Frullato di Bacche e Avena	Panino con Tacchino e Cheddar	Frittata di Patate e Cipolle	Yogurt Greco con Compota di Frutti di

Giorno	Colazione	Pranzo	Cena	Snack
				Bosco
20	Yogurt Greco con Miele e Noci	Insalata Mediterranea di Quinoa e Feta	Spiedini di Gamberi e Verdure	Coppette di Quinoa Dolce e Mele Caramellate
21	Porridge di Avena e Mela Caramellata	Insalata Croccante di Cavolo Rosso e Carote	Curry di Ceci e Spinaci	Biscotti al Burro di Arachidi e Miele

Piano Alimentare: Settimana 4

Giorno	Colazione	Pranzo	Cena	Snack
22	Toast di Ricotta e Fragole	Wrap di Pollo al Curry con Insalata Croccante	Risotto ai Funghi e Asparagi	Biscotti di Riso Soffiato e Cioccolato
23	Frullato Proteico all'Arancia e Cannella	Panino al Salmone Affumicato e Avocado	Zuppa di Lenticchie Rosse e Carote	Biscotti Vegani al Limone e Semi di Papavero
24	Muffin Salati di Spinaci e Feta	Insalata di Farro con Pomodori Secchi e Rucola	Tofu Saltato con Verdure e Salsa di Soia	Tartufi al Cocco e Datteri
25	Frullato di Kiwi e Menta Fresca	Insalata Mediterranea di Quinoa e Feta	Salmone al Forno con Spinaci e Limone	Cheesecake ai Frutti di Bosco Senza Cottura
26	Omelette di Albume con Verdure	Panino con Tacchino e Cheddar	Minestrone Veloce di Verdure	Mousse di Mango e Yogurt
27	Porridge di Avena e Mela Caramellata	Insalata Croccante di Cavolo Rosso e Carote	Pollo al Curry con Riso Basmati	Pudding di Cioccolato e Avocado
28	Smoothie Verde Rivitalizzante	Wrap Mediterraneo con Hummus e Verdure	Stufato di Pollo e Verdure	Frullato Verde Energizzante

Piano Alimentare: Settimana 5

Giorno	Colazione	Pranzo	Cena	Snack
29	Smoothie Tropicale Energizzante	Insalata di Pollo alla Senape e Miele	Zuppa di Orzo e Funghi	Frullato di Bacche e Yogurt

Giorno	Colazione	Pranzo	Cena	Snack
30	Frittata Veloce alle Erbe	Panino Vegetariano con Hummus e Verdure Grigliate	Risotto al Limone e Asparagi	Frullato Tropicale di Ananas e Mango
31	Pancake Proteico al Banana e Cacao	Insalata di Farro con Pomodori Secchi e Rucola	Salmone Agrodolce in Padella	Smoothie di Kiwi e Mela
32	Smoothie Verde Rivitalizz	Wrap Mediterraneo con Hummus e Verdure	Zuppa di Lenticchie Rosse e Carote	Insalata Greca Veloce
33	Frullato di Bacche e Avena	Insalata Mediterranea di Quinoa e Feta	Petto di Pollo con Crema di Funghi	Frullato di Pesca e Zenzero
34	Yogurt Greco con Miele e Noci	Panino con Tacchino e Cheddar	Curry di Ceci e Spinaci	Mocktail di Mela e Zenzero
35	Porridge di Avena e Mela Caramellata	Insalata Croccante di Cavolo Rosso e Carote	Tofu Saltato con Verdure e Salsa di Soia	Cocktail di Anguria e Basilico

Piano Alimentare: Settimana 6

Giorno	Colazione	Pranzo	Cena	Snack
36	Toast di Ricotta e Fragole	Wrap di Pollo al Curry con Insalata Croccante	Risotto ai Funghi e Asparagi	Mocktail di Cetriolo e Menta
37	Frullato Proteico all'Arancia e Cannella	Panino al Salmone Affumicato e Avocado	Zuppa di Lenticchie Rosse e Carote	Virgin Mojito ai Frutti Rossi
38	Muffin Salati di Spinaci e Feta	Insalata di Farro con Pomodori Secchi e Rucola	Salmone al Forno con Spinaci e Limone	Spritz di Arancia e Rosmarino
39	Frullato di Kiwi e Menta Fresca	Insalata Mediterranea di Quinoa e Feta	Tofu Saltato con Verdure e Salsa di Soia	Infuso di Camomilla e Lavanda
40	Omelette di Albume con Verdure	Panino con Tacchino e Cheddar	Minestrone Veloce di Verdure	Tisana Zenzero e Limone
41	Porridge di Avena e Mela Caramellata	Insalata Croccante di Cavolo Rosso e Carote	Pollo al Curry con Riso Basmati	Infuso di Menta e Melissa

Giorno	Colazione	Pranzo	Cena	Snack
42	Smoothie Verde Rivitalizzante	Wrap Mediterraneo con Hummus e Verdure	Stufato di Pollo e Verdure	Infuso di Finocchio e Anice Stellato

Piano Alimentare: Settimana 7

Giorno	Colazione	Pranzo	Cena	Snack
43	Smoothie Tropicale Energizzante	Insalata di Pollo alla Senape e Miele	Zuppa di Orzo e Funghi	Tisana di Rosa Canina e Ibisco
44	Frittata Veloce alle Erbe	Panino Vegetariano con Hummus e Verdure Grigliate	Risotto al Limone e Asparagi	Pad Thai Veloce
45	Pancake Proteico al Banana e Cacao	Insalata di Farro con Pomodori Secchi e Rucola	Salmone Agrodolce in Padella	Pollo al Curry Express
46	Smoothie Verde Rivitalizzante	Insalata Mediterranea di Quinoa e Feta	Petto di Pollo con Crema di Funghi	Sushi Bowl Veloce
47	Frullato di Bacche e Avena	Panino con Tacchino e Cheddar	Curry di Ceci e Spinaci	Zuppa di Miso Express
48	Yogurt Greco con Miele e Noci	Insalata Croccante di Cavolo Rosso e Carote	Tofu Saltato con Verdure e Salsa di Soia	Bruschette al Pomodoro e Basilico
49	Porridge di Avena e Mela Caramellata	Wrap Mediterraneo con Hummus e Verdure	Minestrone Veloce di Verdure	Insalata Greca Veloce

Piano Alimentare: Settimana 8

Giorno	Colazione	Pranzo	Cena	Snack
50	Toast di Ricotta e Fragole	Insalata di Pollo alla Senape e Miele	Risotto ai Funghi e Asparagi	Pasta all'Aglio, Olio e Peperoncino
51	Frullato Proteico all'Arancia e Cannella	Panino al Salmone Affumicato e Avocado	Salmone al Forno con Spinaci e Limone	Couscous con Verdure Grigliate
52	Muffin Salati di	Insalata Mediterranea	Petto di Pollo con	Tacos di Pollo alla

Giorno	Colazione	Pranzo	Cena	Snack
	Spinaci e Feta	di Quinoa e Feta	Crema di Funghi	Griglia
53	Frullato di Kiwi e Menta Fresca	Wrap Mediterraneo con Hummus e Verdure	Curry di Ceci e Spinaci	Quesadillas di Fagioli Neri
54	Omelette di Albume con Verdure	Panino con Tacchino e Cheddar	Tofu Saltato con Verdure e Salsa di Soia	Ceviche di Pesce Veloce
55	Porridge di Avena e Mela Caramellata	Insalata Croccante di Cavolo Rosso e Carote	Minestrone Veloce di Verdure	Empanadas di Pollo Rapide
56	Smoothie Verde Rivitalizzante	Insalata di Farro con Pomodori Secchi e Rucola	Stufato di Pollo e Verdure	Arepas con Formaggio

Piano Alimentare: Settimana 9

Giorno	Colazione	Pranzo	Cena	Snack
57	Smoothie Tropicale Energizzante	Wrap di Pollo al Curry con Insalata Croccante	Zuppa di Orzo e Funghi	Filetto di Salmone al Forno con Salsa di Agrumi
58	Frittata Veloce alle Erbe	Panino al Salmone Affumicato e Avocado	Risotto al Limone e Asparagi	Risotto ai Funghi Porcini e Tartufo
59	Pancake Proteico al Banana e Cacao	Insalata di Pollo alla Senape e Miele	Salmone Agrodolce in Padella	Carpaccio di Manzo con Rucola e Parmigiano
60	Smoothie Verde Rivitalizzante	Insalata Mediterranea di Quinoa e Feta	Petto di Pollo con Crema di Funghi	Gamberi all'Aglio e Peperoncino su Letto di Couscous

Organizzare il tuo piano alimentare

Intraprendere un percorso di sessanta giorni per rinnovare le proprie abitudini alimentari è un viaggio che va oltre la semplice scelta di cosa mangiare. È un'odissea personale che richiede impegno, consapevolezza e una pianificazione accurata. L'organizzazione del proprio piano alimentare non è solo una questione di liste della spesa o di ricette; è un processo che coinvolge l'intero stile di vita, influenzando il benessere fisico, emotivo e mentale.

Il primo passo in questa trasformazione è la comprensione di sé. Ogni individuo è un universo unico, con esigenze, gusti e obiettivi diversi. Per alcuni, il percorso può essere incentrato sulla perdita di peso, per altri sul guadagno di massa muscolare o semplicemente sull'adottare uno stile di vita più salutare. Indipendentemente dall'obiettivo, è fondamentale ascoltare il proprio corpo e riconoscere i segnali che invia. A volte, un diario alimentare può diventare uno strumento prezioso in questo processo di auto esplorazione. Annotare ciò che si mangia, le porzioni, gli orari e le reazioni emotive e fisiche ai diversi alimenti può offrire una panoramica dettagliata delle proprie abitudini e aiutare a identificare possibili aree di miglioramento.

La pianificazione è il cuore pulsante di un piano alimentare di successo. Non si tratta solo di decidere i pasti della settimana, ma di considerare il tempo a disposizione per la preparazione, le attività quotidiane e gli impegni sociali. È importante creare un equilibrio tra flessibilità e struttura. Una pianificazione troppo rigida può portare a frustrazione e fallimento, mentre una completa mancanza di struttura può far deragliare i progressi. Un approccio equilibrato potrebbe includere la preparazione di alcuni pasti in anticipo durante il fine settimana, lasciando spazio per la spontaneità e le scelte last-minute durante la settimana.

L'equilibrio nutrizionale è un altro aspetto cruciale. Un piano alimentare ben strutturato dovrebbe fornire tutti i nutrienti necessari per il corretto funzionamento del corpo. Proteine, carboidrati, grassi, vitamine e minerali devono essere presenti in proporzioni adeguate. È qui che la varietà diventa essenziale. Incorporare una vasta gamma di alimenti non solo garantisce un apporto equilibrato di nutrienti, ma mantiene anche vivo l'interesse per il cibo. Esplorare nuove ricette, sperimentare con ingredienti diversi e assaporare cucine di altre culture possono rendere il viaggio culinario stimolante e gratificante.

L'acqua gioca un ruolo fondamentale in ogni piano alimentare. L'idratazione è fondamentale per la salute e spesso trascurata. Bere una quantità adeguata di acqua ogni giorno non solo aiuta nella digestione e nell'eliminazione delle tossine, ma migliora anche l'aspetto della pelle e contribuisce al senso di sazietà. Potrebbe essere utile impostare promemoria o tenere una bottiglia d'acqua sempre a portata di mano per ricordarsi di bere regolarmente.

Infine, è importante adattare il piano alimentare alle proprie esigenze di vita. Un genitore con una famiglia numerosa avrà esigenze diverse da un single o da una persona anziana. Anche il budget può giocare un ruolo significativo nella pianificazione dei pasti. Scoprire come ottenere il massimo dal proprio budget, magari acquistando prodotti di stagione o sfruttando le offerte del supermercato locale, può fare una grande differenza. La chiave è trovare un piano che si adatti al proprio stile di vita, non il contrario.

Suggerimenti per Rimanere Motivati

Affrontare un piano alimentare di sessanta giorni può sembrare un viaggio lungo e a volte arduo. Mantenere una motivazione costante è essenziale per raggiungere l'obiettivo desiderato. La motivazione non è un fiume in piena che scorre ininterrottamente, ma piuttosto un ruscello che può talvolta ridursi a un gocciolio. Tuttavia, con i giusti accorgimenti, è possibile alimentare questo flusso, rendendolo una forza guidante nel vostro viaggio verso un'alimentazione più sana.

Per iniziare, è fondamentale fissare degli obiettivi realistici. Gli obiettivi dovrebbero essere specifici, misurabili, raggiungibili, rilevanti e limitati nel tempo, in linea con l'acronimo S.M.A.R.T. Per esempio, anziché un generico "voglio mangiare più sano", un obiettivo potrebbe essere "voglio includere almeno tre tipi di verdure in ogni pasto principale per i prossimi sessanta giorni". Un obiettivo ben definito è più facile da perseguire e offre un chiaro senso di direzione.

Un altro aspetto cruciale è il monitoraggio dei progressi. Tenere traccia dei piccoli successi può essere incredibilmente motivante. Che sia attraverso un'app, un diario alimentare o fotografie, vedere la propria evoluzione nel tempo può fornire una potente iniezione di motivazione nei momenti di scoraggiamento.

La ricerca di un sostegno esterno può anche fare una grande differenza. Condividere il proprio percorso con amici, familiari o un gruppo di supporto online può offrire quella spinta in più nei momenti di difficoltà. Avere qualcuno con cui condividere le sfide e celebrare i successi rende il viaggio meno solitario e più piacevole.

L'autocompassione è un elemento chiave nel mantenimento della motivazione. È importante ricordarsi che nessuno è perfetto e che piccoli scivoloni o deviazioni dal piano non sono un fallimento, ma parte del percorso. Accettare che ci possano essere giorni migliori e giorni peggiori aiuta a mantenere un approccio equilibrato e sostenibile nel lungo termine.

Variare il proprio menu è essenziale per mantenere alto l'interesse. Mangiare gli stessi cibi giorno dopo giorno può diventare noioso e demotivante. Esplorare nuove ricette, sperimentare con ingredienti diversi e provare piatti di altre culture può rinvigorire il proprio entusiasmo per il piano alimentare.

La gratificazione ritardata è un concetto utile da abbracciare. Invece di cercare soddisfazione immediata attraverso il cibo, focalizzarsi sui benefici a lungo termine di una dieta equilibrata può aiutare a rimanere in pista. Pensare a come ci si sentirà alla fine dei sessanta giorni, con più energia, una migliore salute e forse anche qualche chilo in meno, può essere un potente stimolo.

Infine, impostare delle ricompense non alimentari per raggiungere determinati traguardi può essere un altro modo efficace per mantenere alta la motivazione. Che sia un nuovo libro, un massaggio o una giornata di relax, premiarsi per i traguardi raggiunti può essere un eccellente incentivo a proseguire nel proprio impegno.

La motivazione nel seguire un piano alimentare per sessanta giorni non è qualcosa che si trova una volta e si conserva inalterata; è qualcosa che si costruisce e si nutre giorno dopo giorno. Con gli obiettivi giusti, il supporto adeguato e un atteggiamento positivo e compassionevole verso se stessi, è possibile non solo raggiungere il traguardo, ma anche godere del viaggio.

Adattare il Piano alle Tue Esigenze

Ogni individuo è un universo a sé, un intricato intreccio di bisogni, gusti, stili di vita e obiettivi personali. Quando si tratta di alimentazione, questa unicità si manifesta con forza, e un piano alimentare efficace deve inevitabilmente riflettere questa diversità.

Prima di tutto, è essenziale considerare le proprie condizioni di salute. Allergie, intolleranze alimentari, condizioni mediche specifiche come il diabete o malattie cardiovascolari, devono guidare la selezione degli alimenti. Consultare un nutrizionista o un medico può fornire una base solida per un piano alimentare che non solo miri al raggiungimento degli obiettivi di salute e benessere, ma che sia anche sicuro e adatto alle proprie condizioni fisiche.

Il secondo aspetto riguarda il ritmo di vita e le abitudini quotidiane. Un piano alimentare per una persona che trascorre la maggior parte del giorno in ufficio sarà diverso da quello di un atleta o di un genitore sempre in movimento. Considerare il proprio stile di vita è fondamentale per creare un piano realistico e praticabile. Per esempio, qualcuno con poco tempo per cucinare potrebbe optare per pasti semplici ma nutrienti o per il meal prepping, ovvero la preparazione di pasti in anticipo.

La varietà culinaria è un altro fattore chiave. Un'alimentazione monotona può rapidamente portare a noia e frustrazione, ostacolando il successo del piano. Integrare nel proprio piano alimentare piatti e ingredienti diversi aiuta a mantenere l'interesse e la curiosità. Sperimentare con ricette di diverse culture culinarie o con nuove varianti di piatti tradizionali può trasformare ogni pasto in una piccola avventura gastronomica.

Il budget a disposizione per la spesa alimentare è un aspetto spesso trascurato, ma essenziale. Un piano alimentare dovrebbe adattarsi alle proprie possibilità economiche. Ciò significa trovare un equilibrio tra qualità degli ingredienti e sostenibilità economica. Fare la spesa in mercati locali, scegliere prodotti di stagione o optare per alternative a basso costo ma nutrienti sono modi per bilanciare qualità e costo.

Le preferenze personali sono un fattore non meno importante. Se non si ama un determinato alimento, non c'è motivo di costringersi a mangiarlo solo perché è salutare. La varietà di cibi disponibili offre innumerevoli alternative per soddisfare i requisiti nutrizionali. È importante ascoltare il proprio palato e scegliere alimenti che si amano realmente.

Un'adeguata idratazione deve essere parte integrante del piano. L'acqua è fondamentale per il benessere generale, ma le esigenze di idratazione possono variare a seconda dell'attività fisica, dell'ambiente di lavoro e delle condizioni climatiche. Trovare il giusto equilibrio e abituarsi a bere regolarmente è cruciale.

Infine, la possibilità di adattare il piano nel tempo è un aspetto cruciale. Le esigenze e le circostanze possono cambiare, e il piano dovrebbe essere sufficientemente flessibile da adattarsi a queste evoluzioni.

Considerare tutti gli aspetti della propria vita, dalle esigenze di salute allo stile di vita, dalle preferenze culinarie al budget, è la chiave per sviluppare un piano che non solo sia efficace, ma anche piacevole e gratificante. Un piano ben adattato alle proprie esigenze è un potente strumento di trasformazione verso una vita più sana e soddisfacente.

Il cammino verso una nutrizione sana e bilanciata non termina qui, ma continua con le conoscenze e le abilità acquisite. Ogni lettore è ora equipaggiato per affrontare il futuro alimentare con una nuova prospettiva, pronta a fare scelte più consapevoli e soddisfacenti per il proprio benessere.

Capitolo 13: Conclusione e Prossimi Passi

Viaggiare attraverso le pagine di una guida sulla cucina sana per pigri è stato un percorso illuminante e trasformativo. Arrivati a questo punto, ci troviamo all'alba di una nuova fase, ricca di opportunità per implementare e arricchire le abitudini acquisite. Abbiamo esplorato metodi semplici per creare pasti nutrienti, modi efficaci per organizzare la cucina e strategie per mantenere alta la motivazione. Ora, è tempo di guardare avanti, di prendere questi strumenti e applicarli concretamente nella quotidianità, continuando il nostro viaggio verso uno stile di vita più sano e gratificante.

Riepilogo dei Principi della Cucina Sana per Pigri

In questo percorso culinario, abbiamo esplorato come la cucina sana possa essere non solo accessibile, ma anche semplice e piacevole, specialmente per coloro che si considerano "pigri" in cucina. La bellezza di questa avventura sta nella sua semplicità e nella capacità di trasformare la routine quotidiana di cucinare in un'attività meno onerosa e più gratificante.

Abbiamo scoperto che la cucina sana per pigri non è un ossimoro, ma una realtà tangibile. Al centro di questo approccio vi è l'idea che mangiare bene non richieda necessariamente grande sforzo o tempo. Abbiamo appreso che con pochi ingredienti essenziali, strumenti giusti e tecniche di cucina snelle, è possibile preparare pasti salutari e gustosi in modo efficiente.

La filosofia di questa cucina è radicata nella scelta di ingredienti di qualità. Abbiamo imparato che investire in pochi, ma buoni ingredienti può fare una grande differenza nel gusto e nel valore nutrizionale dei piatti. Ingredienti freschi, locali e di stagione, arricchiti da spezie e aromi naturali, sono la base per creare piatti deliziosi senza complicazioni.

Abbiamo anche esplorato come organizzare la cucina e la dispensa può semplificare il processo di preparazione dei pasti. Una cucina ben organizzata, dove tutto è a portata di mano, riduce notevolmente il tempo e lo sforzo necessari per cucinare. Abbiamo discusso dell'importanza di avere strumenti essenziali che facilitano la preparazione dei pasti, come una buona padella antiaderente, un coltello affilato e qualche pentola versatile.

Nel corso di questo viaggio, abbiamo anche affrontato il tema della motivazione. Rimanere motivati nella cucina sana non è sempre facile, specialmente per i cosiddetti "pigri". Abbiamo scoperto che fissare obiettivi realistici, celebrare i piccoli successi e condividere il percorso con gli altri può aiutare a mantenere l'entusiasmo. La varietà è stata un'altra chiave per mantenere alto l'interesse: sperimentare con diverse cucine etniche, provare nuove ricette e ingredienti può trasformare la cucina in un'avventura piacevole.

Abbiamo anche affrontato il concetto di flessibilità nella cucina sana. Adattare i pasti alle proprie esigenze personali, sia in termini di gusto che di nutrizione, è fondamentale. Che si tratti di adattare le ricette per soddisfare esigenze dietetiche specifiche o di modificare le porzioni per adattarsi ai diversi appetiti, la flessibilità è stata un principio cardine.

Inoltre, abbiamo esaminato come il piano alimentare di sessanta giorni possa essere un punto di partenza per un cambiamento a lungo termine. Abbiamo discusso delle strategie per mantenere le abitudini alimentari salutari nel tempo e di come integrare progressivamente nuove abitudini senza sentirsi sopraffatti.

Infine, abbiamo riconosciuto l'importanza dell'autocompassione. Accettare che ci saranno giorni in cui non tutto va secondo i piani e imparare a perdonarsi per gli scivoloni occasionali è essenziale per un approccio sostenibile alla cucina sana.

Quindi, questo viaggio ci ha insegnato che con un po' di preparazione, creatività e un approccio flessibile, è possibile godere di pasti gustosi e nutrienti senza che diventi un compito gravoso.

Mantenere l'abitudine a lungo termine

L'arte di cucinare in modo sano e la capacità di mantenere queste abitudini nel tempo sono un connubio che può trasformare profondamente il nostro rapporto con il cibo e con la vita stessa. Creare e sostenere un'abitudine a lungo termine non è un processo che avviene da un giorno all'altro, ma richiede dedizione, pazienza e soprattutto un cambiamento nel modo di percepire e approcciare il cibo.

Per iniziare, è fondamentale comprendere che creare un'abitudine duratura va oltre la semplice ripetizione di azioni. Si tratta di un processo che coinvolge la mente tanto quanto il corpo. La prima cosa da fare è consolidare il legame tra il piacere e la scelta di cucinare e mangiare in modo sano. Questo significa trovare gioia nel processo di preparazione dei pasti, apprezzando i colori, gli aromi e i sapori degli ingredienti, oltre che nel nutrire il proprio corpo con cibi che fanno bene.

La costanza è un altro aspetto chiave. Non si tratta di essere perfetti ogni giorno, ma di impegnarsi a fare scelte sane la maggior parte del tempo. Quando si scivola in vecchie abitudini, è importante non demoralizzarsi, ma piuttosto considerare questi momenti come opportunità di apprendimento. Analizzare cosa ha portato alla scelta meno sana e come si può fare diversamente in futuro è un approccio costruttivo che rafforza l'abitudine a lungo termine.

Un elemento cruciale nel mantenere queste abitudini è l'adattabilità. La vita cambia, e con essa le nostre routine quotidiane, le esigenze e i gusti. Essere flessibili e disposti a modificare il piano alimentare in base ai cambiamenti della vita aiuta a mantenere l'abitudine di cucinare in modo sano senza che diventi un peso. Ciò potrebbe significare modificare le ricette per adattarle a un nuovo programma lavorativo, o sperimentare con ingredienti diversi quando si cambiano le preferenze alimentari.

Integrare la cucina sana nella vita sociale è un altro aspetto importante. Spesso, le interazioni sociali ruotano attorno al cibo, e trovare un equilibrio tra il godersi momenti con gli amici e la famiglia e mantenere abitudini alimentari sane può essere una sfida. Preparare piatti sani e gustosi quando si ospitano amici o portare un'opzione salutare ai raduni può essere un modo per rimanere fedeli alle proprie abitudini senza rinunciare al piacere della condivisione.

Perciò, mantenere l'abitudine di cucinare e mangiare in modo sano a lungo termine richiede più di semplici azioni; richiede un cambiamento nel modo di pensare e percepire il cibo. È un viaggio che va oltre la nutrizione, toccando aspetti del benessere fisico, mentale ed emotivo. Con il giusto approccio, la dedizione e l'amore per ciò che si mangia, questa abitudine può diventare una parte naturale e soddisfacente della vita quotidiana.

Espandere il Tuo Repertorio di Ricette

L'espansione del proprio repertorio di ricette non è solo un modo per variare la dieta, ma è anche un viaggio nell'arte culinaria, un percorso che arricchisce non solo il palato, ma anche l'esperienza di vita. Cucinare diventa una sperimentazione creativa, un'avventura che va oltre la semplice preparazione dei pasti, trasformandosi in un atto di espressione personale e scoperta culturale.

Il primo passo in questo viaggio è l'apertura mentale. La cucina, in tutte le sue forme, è un'arte che non conosce confini. Ogni cultura, ogni paese ha i suoi piatti, i suoi sapori e le sue tecniche. L'esplorazione di ricette provenienti da diverse tradizioni culinarie non solo amplia il nostro repertorio, ma arricchisce anche la nostra comprensione del mondo. Ogni piatto ha una storia da raccontare, una storia di luoghi, persone e tradizioni. In questo processo, si impara non solo a cucinare nuovi piatti, ma anche a conoscere e apprezzare la diversità del nostro mondo.

L'innovazione è la chiave per mantenere fresco il proprio repertorio di ricette. Questo non significa necessariamente inventare qualcosa di completamente nuovo, ma può essere semplicemente una questione di sperimentare con ingredienti diversi o di modificare ricette tradizionali per adattarle al proprio gusto o alle proprie esigenze nutrizionali. La sperimentazione può anche essere stimolata da ingredienti stagionali o locali, scoprendo nuovi sapori e combinazioni.

La condivisione è un aspetto fondamentale dell'espansione del repertorio culinario. Condividere le proprie creazioni con famiglia e amici non solo offre la gioia di nutrire le persone care, ma offre anche l'opportunità di ricevere feedback e idee. La cucina diventa così un'esperienza condivisa, un momento di unione e scambio culturale.

Il continuo apprendimento è un altro pilastro per arricchire le proprie competenze culinarie. Ciò può avvenire attraverso la lettura di libri di cucina, la visione di programmi televisivi dedicati alla cucina, la partecipazione a corsi o workshop, o semplicemente navigando in internet per scoprire blog e video tutorial. Ogni nuova fonte di conoscenza può ispirare nuove idee e tecniche.

Non bisogna dimenticare l'importanza della pratica regolare. Come per ogni abilità, anche in cucina, la pratica porta al perfezionamento. Sperimentare regolarmente nuove ricette e tecniche aiuta a sviluppare sicurezza e competenza, trasformando sfide complesse in piacevoli routine.

L'adattabilità delle ricette alle proprie esigenze è un aspetto cruciale. Che si tratti di modificare una ricetta per renderla più salutare, per adattarla a un regime alimentare specifico, o semplicemente per utilizzare gli ingredienti disponibili, l'adattabilità è una competenza chiave. Imparare a fare sostituzioni intelligenti senza compromettere il gusto o la qualità del piatto è un'arte che arricchisce notevolmente il repertorio culinario.

Infine, è importante ricordare che ogni nuova ricetta provata, ogni esperimento in cucina, è un passo in più nel proprio percorso culinario. Non tutte le ricette avranno successo al primo tentativo, ma ogni errore è un'opportunità di apprendimento.

La chiusura di questo percorso segna l'inizio di un'avventura culinaria continua. Lungo la strada, abbiamo imparato a valorizzare la semplicità e l'efficienza in cucina, trasformando il modo in cui pensiamo al cibo e alla nutrizione. Le lezioni apprese non sono solo teorie, ma fondamenti pratici per un cambiamento duraturo. Ora, armati di conoscenza e ispirazione, siamo pronti ad abbracciare pienamente la gioia di cucinare e di vivere in modo più sano. Questo non è un punto finale, ma un punto di partenza per un cammino di esplorazione, crescita e piacere culinario che continua ogni giorno.